Pontus, Lion, Milton, Elliot, Leia och Dobby. Ni är alltid hemma och alla mina dagars längtan bär till er.

Nathalie Hult

En liten berättelse om att sakna en hund

Automatiserad teknik vilken används för att analysera text och data i digital form i syfte att generera information, enligt 15a, 15b och 15c §§ upphovsrättslagen (text- och datautvinning), är förbjuden.

© 2024 Nathalie Hult

Illustration: Lion Hult
Korrekturläsning: Helena Lödén

Förlag: BoD · Books on Demand, Stockholm, Sverige
Tryck: Libri Plureos GmbH, Hamburg, Tyskland

ISBN: 978-91-8080-070-9

Innehåll
Den här boken är till dig, Loppan.. 9

Jag börjar från början.. 18

Tonårstiden.. 27

Arg som ett bi.. 35

Äntligen vuxen.. 42

Loppan kommer hem.. 51

Loppan, min beskyddare.. 63

Naturen är helig.. 69

Dobby.. 77

Att leva sitt autentiska liv.. 82

Kroppen och själen är helig.. 87

Alla behöver en Loppa i sitt liv.. 97

Ett brev till himlen.. 103

Framtiden.. 108

Brevet till dig som läser denna bok.. 118

Nu börjar den här lilla texten närma sig sitt slut.. 124

DEN HÄR BOKEN ÄR TILL DIG, LOPPAN

Har du någon gång saknat någon så mycket, med sådan intensiv smärta att det inte känns som att du får någon luft? Sorgen inombords som ett stormigt böljande hav. När du tittar ut känns världen förunderligt falsk då den inte kan sammankopplas alls med det inre. Världen pågår. Absurda nyhetsinslag med kändisar som åker privatflygplan. Någon kommunsnubbe som tafsat på unga kollegor och blir utköpt för cirka 800 000 kronor, en värld där brazilian butt lift verkar vara vägen till lycka. Insidan verkar liksom urgröpt och oväsentlig. Och där sitter du malplacerad med sorgen i hjärtat och ingen operation i världen skulle få den där sorgen annorlunda. Ibland gör det där ytliga där ute så ont, tycker jag. Speciellt när människor inte orkar stanna upp och se varandra. Vem finns i en värld där ingenting viktigt längre betyder någonting?

Det var en liten tid sedan jag nu hade en första dröm om Loppan. Min tidigare hund och kärlek i livet. Hon som hela denna bok kommer att handla om. Tyvärr var inte drömmen alls så där ljuvlig som jag hade föreställt mig och längtat efter.

Jag stod och grävde en grav. Det var mörkt och kallt ute. När jag grävt lyfte jag hennes tunga likfrusna kropp, inpaketerad i en svart säck såsom det brukar vara på film. Någon som fanns där i närheten kom fram till mig. "Måste du gräva så fort?" frågade hon. Jag stod där och flåsade mellan de tunga spadtagen som inte tycktes ta slut. "Jag måste skynda mig" svarade jag sammanbitet och fokuserat. "Jag måste skynda mig, hon har varit död i flera dagar nu". "Nej, du har fel" sade någon "Hon har varit död i över ett år nu". Smärtan som tog vid var så stark och intensiv att jag vaknade med ett ryck. Hade jag varit utan henne i mer än ett år? Hade jag inte fått hålla henne på så lång tid? Var tiden verkligen så grym och orättvis?

Jag klev upp från sängen med känslan av att jag var lite halv. Lite skadad i kroppen. Som att något saknades. Men något var inte något, utan någon. Någon var Loppan.

Jag tror att det är lite tabubelagt att sakna en hund till denna grad. Hade jag slagit upp det i en diagnosmanual över psykiatriska tillstånd, hade jag förmodligen i alla fall stundtals hamnat vid komplicerad sorg. Jag kan tänka mig att flera av mina tidigare kollegor skulle rynka på ögonbrynen. Sakna en hund, så mycket? Är det verkligen inom ramen för vad som är normalt? Jag tror att det inte går att förstå riktigt om man inte satt sig i mina skor. Överhuvudtaget kan vi inte förstå varandra om vi inte gör just detta. Och där krockar världen med sina ytliga värden ibland lite för mycket med människors verkliga behov, tänker jag.

Så hur kan man sakna en hund så mycket? Varför saknar jag henne så mycket? Jag vet inte riktigt var jag ska börja. Bara det att hon läste mig som ingen annan gör, älskade mig som jag knappt tror är möjligt. Hon förstod inte nödvändigtvis människors språk, men hon förstod min själs språk. Inte vad jag säger i ord utan vad jag *egentligen* menar. Som att jag är trött, ledsen, sårad, uttråkad, glad. De där känslorna har hon fångat in tydligare än någon annan varelse. Alla nyanser. Hon älskade mig så förbehållslöst som ingen människa kan. En hund som älskar som Loppan gjorde, älskar på andra villkor. Det finns ingenting som hon inte skulle ha gjort för mig. För mig var hon allt, för henne var jag hela universum. Jag var alltid högsta prioritet oavsett vilket humör hon eller jag var på. Det var en del i det som var så rörande. Att hon alltid hade pass på mig. Som om hon ständigt vakade över mig och ville mig väl. Jag tror att jag aldrig varit så väl omhändertagen av någon. Så gränslöst mycket kärlek, som aldrig tog slut.

Nu ska jag försöka berätta för dig om Loppan. Och jag börjar i omvänd ordning. Jag börjar dagen då hela resan tog slut. Det var den 13:e mars 2023 som tiden stannade.

Vi hade varit sjuka i omgångar och innan hennes död vad det covid som härjade här hemma om jag inte minns fel. Jag hade också jobbat väldigt mycket och var utsliten och trött. Livet rullade på så fort när allt bara plötsligt stannade av.

På kort tid hade hon gått ner mycket i vikt. Hon hade ganska lätt för att gå ner i vikt så egentligen hade det inte behövt innebära en fara. Men känslan var att det var något som inte stod rätt till. Den svarta, bruna och vita pälsen var också mer glanslös än vanligt.

Sommaren innan hade vi varit hos veterinären, men röntgen och proverna visade ingenting. Loppan var inte sjuk alls vad de kunde se. Men känslan var så stark att det var något som inte var som det skulle. Det var egentligen också svårt att veta, om det var en känsla att ta på allvar. Jag brukade ofta tänka att det var någonting som var fel på henne. Det var en oro som ständigt gjorde sig påmind. Det hände att jag gick fram och väckte henne när hon sov för att försäkra mig om att hon levde. Ibland fick jag panikkänslor och pratade om att hon skulle försvinna från mig. Som en avgrund av ångest beskrev jag olika scenarier och saker som jag trodde hade drabbat henne. Min man frågade ibland vad det var med mig och henne. Varför oroade jag mig så mycket? Så där höll jag inte på med någon annan, vare sig med mina andra djur eller våra barn. Men min sju år gamla hund som jag haft sedan hon var två år, henne kunde jag oroa mig för dag som natt. Allt som hände denna tid med hennes kropp, små saker som resulterade i besök hos veterinären, gjorde att jag fick enorma katastroftankar. Därför var det ingen annan som riktigt tog oron på allvar när vi åkte in till veterinären den där sista vändan.

Sista tiden hade hon dock blivit tröttare så nog kunde man förstå att det var något. Tempot gick ner. Hon gick bredvid mig istället för att springa när hon var lös. Pälsen var en annan. Den blänkte inte längre utan var matt och trött.

Vi åkte in till veterinären för att undersöka henne. De tog alla möjliga blodprov på henne och gjorde alla undersökningar, förutom just den undersökningen som sedan kom att visa vad som var fel på henne. Var det allergi? Cancer i livmodern? Jag kunde inte tygla mig. Betedde mig inte så där samlat som jag hade önskat att jag hade gjort. Så som jag hade föreställt mig, en lugn vuxen hundmamma som övertygar sin älskade hund om att allt kommer att gå bra. Nej, det blev fel. Loppan försökte istället trösta mig när tårarna konstant rullade ner över mina kinder. Det var just hennes grej. Att hon var magiskt duktig på att trösta mig. På att ta hand om mig när jag var ledsen. En kort stund kom också en annan veterinär in i rummet. En tjej som bor en bit från oss och som jag känner igen sedan tidigare. Hennes mjuka uppsyn och värme gjorde att det verkligen brast. Jag kände på mig att det skulle gå åt helvete och hon försökte med några tröstande ord lätta upp stämningen medan Loppan, med all värme hon kunde uppbringa, också försökte trösta.

De fann inget fel på henne. Men de förstod också att en hund inte rasar så där fort i vikt. Och har inte normalt en sån där skruttig päls. Något var det, men vad det var svårt att få grepp om. Vi skulle komma tillbaka efter ett par dagar och träffa en annan veterinär. Livet var som i ett töcken. Jag sov nere i soffan för att var nära henne och vår andra hund, Dobby, som hade tillkommit under resans gång. Loppan låg bredvid mig och var alldeles kall. Ibland när jag försökte väcka henne tog det en stund innan hon vaknade till. Hon var alldeles seg i kroppen. Det var så overkligt på något vis. Jag skulle å ena sidan låtsas som att allt kunde gå bra och dagarna rullade på som vanligt. Å andra sidan var det så tydligt inom mig vad som höll på att ske. Det där som inte fick hända. Som bara inte fick ske. Jag intalade mig att det skulle gå smärtfritt förbi samtidigt som jag visste med all den djupare känsla som finns att hon skulle dö.

Det var iskallt ute och det låg fortfarande ett litet täcke av snö på marken. En av dagarna då hon var hemma och fortfarande vid liv stod vi i trädgården och jag försökte att så en del i krukor som jag sedan bar in. Där var hon lös och var först så glad. Bara hon och jag när den övriga familjen var inomhus. Tillsammans bara hon och jag, tiden då den var som bäst.

Men så gick hon iväg och jag ropade efter henne. Det var en märklig känsla att hon frivilligt hade gått iväg. Jag fann henne utanför ytterdörren, hon ville in till värmen. Det hade aldrig skett förut. Hon hade aldrig någonsin valt någonting framför mig. Tydligare än så kunde det inte bli.

Den 13:e mars var ena brorsan hemma och han passade vår andra hund Dobby när vi skulle åka tillbaka in till veterinären. Jag hade aldrig sett Dobby reagera så starkt på att Loppan skulle åka iväg. Det hände också ibland att hon gjorde det av andra anledningar, så helt ovanligt var det inte. Men denna gång var det annorlunda. Han sprang runt, pep och lät och ville absolut följa med. Men Dobby kunde inte följa med.

Vi fick möta en annan veterinär denna gång, och även om jag också tyckte om den första veterinären är jag glad att det var just denna kvinna vi träffade. En äldre kvinna med en moderlig, trygg känsla omkring sig. Det gjordes ett ultraljud på hjärtat. Den ena klaffen stängde inte, den andra arbetade på för fullt. Det var en allvarlig hjärtmuskelsjukdom som hon hade haft i högst tre månader. Hjärtat, livets organ. Hjärtat som gett liv under hennes år och som gav vika. "Det är inte ert fel" försäkrade veterinären "Ni kunde inte påverka detta, det bara är livet". Det fanns inte mycket till val. Veterinären berättade för mig att Loppan kanske kunde få någon månad till med medicin, men att hon skulle vara väldigt trött. Med den största distansen som jag kunde uppbringa sade jag att det skulle ske. Hon fick inte lida till något pris i världen. Veterinären fortsatte att förklara och jag fortsatte att upprepa att de var tvungna att ta bort henne. Rädslan att hon skulle ha ont någonstans, att hon skulle lida, var så oerhört stor. De frågade mig om jag ville ha henne hemma ett par dagar. Om jag ville gå en sista promenad.

Men vi hade gått så många promenader redan, Loppan, och ändå var vi inte på långa vägar klara med varandra. Hur skulle vi kunna bli mer klara av en enda promenad? Eller av en enda helg?

När familjen var samlad försökte vi ta farväl av henne. För sanningen är den att vad som hade hänt om hon var hemma ett par dagar var att hon hade fortsatt trösta mig, jag hade nog legat som en otröstlig klump och jag vet inte hur jag hade lyckats skiljas ifrån henne. Tårarna gick liksom inte att hålla tillbaka och det hade inte känts rätt.

En av sönerna var samlad och saklig. En annan fick panik och den tredje skulle absolut inte följa med. Det var en aning överrumplade då jag tror alla hade tänkt att jag överdrev min oro.

Vi lämnades i ett sterilt rum med kala väggar där vi turades om att prata och kela med henne. Vi fick in en stor burk med hundgodis och jag tror att vi nästan tömde den. En liten godisbit och ett litet leende mellan tårarna. Leendet för hennes entusiasm och iver över godiset. Tårar för det hemska som skulle ske. Det fanns ingen ände på tårarna. Till slut var vi tvungna att säga till veterinären att vi var redo, för det är nog inte så roligt för hundar att sitta med när familjen gråter. Och tiden går dessvärre inte att backa även om man ber om det. Tiden är inte nådig när det gäller det oundvikliga. Veterinären kom in med sprutan. Familjen satt en bit bort. Jag lade mig nära henne, bara några centimeter ifrån henne. Jag var så nära henne att våra andetag möttes. Nästan ingen skiljevägg mellan våra kroppar. Den största symbolik som gick att uppbringa mellan oss.

Hur säger man ens hejdå? "Sån duktig vovve" mumlade veterinären med trygg och varm stämma. Som en sista påminnelse om att vi är med dig på andra sidan. Var inte rädd och följ ljuset älskade hjärta. Och jag mumlade orden "Loppan är så gullig, så gullig vovve" med den melodi som alltid funnits där. Som ett välbekant eko som ville väl. Jag låg nära och såg henne rakt i ögonen när hon försvann, blicken tillsammans rakt in i döden. Det var en blick som aldrig vek från min. Loppan, min trygghet och vän som tog mig till en annan plats i livet. Hur skulle jag nu klara mig, utan henne?

Ett ögonblick och hennes stilla livlösa kropp. Ett smärtsamt hugg i hjärtat. Det var så märkligt att lämna henne kvar och bara trampa förbi. En overklig känsla och så i kontrast till allt jag önskade. Så stor i vårt hjärta, så liten på jorden, låg hennes kropp där ensam kvar.

De kommande dagarna minns jag nästan ingenting. Men efter en tid ringde jag krematoriet i ren panik. Stressen när de första tonerna varit utan svar. Sedan kom jag till slut fram och frågade om han snälla kunde klippa av en lock? Och det lovade han.

Vad jag också ville säga... "Kan ni snälla göra henne levande igen? Laga hennes hjärta? Ta mig tillbaka till hennes närhet?" Men tiden är obönhörlig när den gjort sitt.

När ett djur dör finns inte samma tolerans från omgivningen. Det är ingen som säger att man borde sjukskriva sig ett par månader för att få sörja ordentligt. Ingen begravning som hålls där familjen håller tal och tar farväl. Sorgen får inte samma plats. För mig är det bisarrt att hon som varit mig så gränslöst nära inte fanns längre. Från en dag till en annan.

Det har gått över ett år nu. Hon är inte utbytbar. Jag har en till hund. Han har börjat närma sig mig mer och mer. Jag tror att han tidigare var lite rädd att hon skulle bli sur på honom ifall han var för nära mig. Och det var ju sant också, hon ville gärna komma fram och ställa sig i vägen för honom så mycket hon tilläts. Loppan hade liksom bestämt att jag var hennes. Sanningen är väl också att Dobby är hela familjens hund, men Loppan var bara min hund.

Det var en stund sedan jag letade efter henne i hundannonser. Till en början kunde jag till och med söka hennes namn i sökrutan, ungefär som om hon magiskt skulle dyka upp. Letade om jag skulle finna någon som såg ut som henne. Eller som kanske beskrevs som henne. En blandrashund. Blandningen berner sennen, storpudel och labrador. Loppan hade tagit den charmigaste egenskapen från var och en. Hund med stora tassar sökes. Hund med ett hjärta av guld sökes. Som har nötbruna vackra ögon. En hund som kan le sökes. Men ingen fanns där som var Loppan.

JAG BÖRJAR FRÅN BÖRJAN

För att ni ska förstå hur viktig Loppan var för mig börjar egentligen berättelsen tidigt i min barndom.

Kanske var starten redan vid mitt allra första minne. Det där då jag satt vid ett bord och såg mamma bli kastad mot en dörr. Min mamma vildvittra skör, pang och ett hår som fladdrade i luften. Jag minns inga ord, inget skrik. Bara håret och den vita dörren. Det är så länge sedan att jag kan undra om det ens hände.

En del utesluts när jag berättar. Det går inte att skriva om allt som skapade känslor av otrygghet inom mig. Sedan tror jag flera av mina kära psykologkollegor skulle sätta i halsen. "Herregud hur öppen får man vara, människa? Tänk på ditt yrke, patienter som kommer". Kanske är det delvis det jag också gör. Jag tror att vi människor håller på att förgöra oss i tystnad i denna kultur. Kväver det viktiga snacket. Oket av skammen och tystnaden är inte mitt att bära och heller inte vårt. Det gäller oss alla med såriga bakgrunder; livet är i alla färger och ingen ska behöva dölja mörkret den upplevt.

Någonstans får jag dock delvis skydda människor som inte kan tala för sig själva. Människor vars liv trasslat sig i mörker och som sedan länge hamnat på fel vägar. Inga namn nämnda.

Utan att gå in på för mycket detaljer kan jag börja berätta att min mamma var en väldigt ung mamma. Hon hade också bitvis en trasslig bakgrund. Och ni kanske vet att det händer titt som tätt att människor, och kanske speciellt unga människor med trassliga bakgrunder, kan ha svårt att skydda sig själva alla gånger. Så mamma hade väl inte de snällaste männen i sitt liv. Och har man inte de snällaste männen i sitt liv finns det också risk för både psykiskt och fysiskt våld. Det var hot, både mindre och mer allvarliga. Främst emot mamma men också emot mig. Hot som att ta sönder saker, försvinna, att ta mina småsyskon och även hot om livet. Att skrämma någon till lydnad är väl det mest effektiva sättet att få kontrollen, antar jag. Det fanns också elakheter som pågick när mamma inte var med, mörker som lurade i hörnen. Det sägs ibland att människor aldrig föds elaka men jag undrar i ärlighetens namn om det inte kan vara så. Det finns urgröpta hjärtan och blickar utan empati. Det finns mörker och ondska där ljuset ännu inte letat sig in.

Tiden glöms inte, men minnena skapar inte otrygghet längre. Idag känns det som ett annat liv men länge var minnen och mörker närvarande. En kropp minns så lätt. Det är svårsmälta saker att tugga i sig.

I den där röran fick mörkerrädslan fäste i mig. Jag minns skräcken jag hade inom mig när jag som liten var övertygad om att någon låg under sängen och skulle ta mig. Varje gång jag vände mig om fick jag ta sats och ångesten var skyhög. Tårar som rann och nätter där mörkret höll mig vaken. Ångest som närmast kan beskrivas som panisk. En ensamhet som byggdes upp, vilket ofta förekommer i en familj med trassel. Ett djupare mörker där det kan vara svårt att nå ut. Om man inte kan prata om allt det som sker och bär runt på en massa hemligheter, vem är man i världen då?

Vem är man i en värld där det finns vuxentrassel och människor som förstör? Så mörkt det är att vara intet i alltet och inte orka nå ut. Mörkret skapade en tät dimma som gjorde det svårt att få fram sina ord. Att tala och berätta. Så missförstått ett barn som inte mår bra kan bli.

Så illa behandlat av människor i söndervittrat förfall. Ilska och ondska förenat med diverse substanser. Alkohol, amfetamin, heroin och tabletter. Inget av det lockar fram sidor som är lämpliga tillsammans med ett barn. Förvirring och brist på förståelse för vem som är liten och vem som är stor. Vid ett tillfälle en pistol mot mitt huvud och ett rått, hånande skratt. Någon som kallade mig fet och äcklig. "Du är så fet, vem ska tycka om dig? Du måste sluta äta så för du blir bara fetare". Och den smala kroppen blev tunnare och hela uppsynen skörare och han njöt i hemlighet när ingen annan såg. Jag undrar vad jag väckte i hans inre värld och hur han kunde tycka så otroligt illa om ett litet barn. Jag har fortfarande lite svårt att få ihop det.

Ilskan som låg lättantändlig i luften, "Var försiktig så du inte trampar fel flickebarn. Trampa för guds skull inte fel". Man fick passa sig noga.

Vad håller man fast i som liten när världen ska kännas mer begriplig? I alla dessa nyponbuskar man fann små gömmor att krypa in i. Man fantiserade, höll sig fast och lekte om man kunde. Alla dessa små världar av det onda och goda. Det goda som fick vinna. I min ensamhet var jag mästare på leken.

Vi hade också mängder med barnböcker. Min mamma köpte en enorm samling, det damp ner ett par i brevlådan varje månad. Jag minns hur mycket hon gillade *Pettson och Findus* och hur svårt jag tyckte det var att hänga med i alla detaljer. Det var fint att hon läste. I sagans värld får man tillgång till något helt annat. Jag minns en barndomsbok jag hade som handlade om en stor och lurvig hund som grävde sig genom jordklotet. Boken handlade om hur hunden så småningom hittade hem till ett barn som hade önskat sig en hund väldigt mycket. Det var en sån där saga jag hade inom mig. Min stora dröm var att få en egen hund. Drömmen helig som ett ljust skimmer. En egen varm, trygg och snäll hund. En hund att krama och som alltid var vid min sida.

Jag har tre barndomsminnen kopplade till denna dröm. Det första minnet var när jag fyllt 8 år. Min morfar satte in en annons i tidningen åt mig. "Finns det någon som kan tänka sig att skänka eller billigt sälja en liten hund till en åttaårig flicka? Hon är snäll" bedyrade han.

Jag kan föreställa mig hur människor satt där och tittade i tidningen efter annonser. Kanske var det någon som skulle sälja sin hund och letade bland djur köpes. Jag undrar hur många av dem som ville bli av med sin hund, ville ge bort eller sälja den billigt till en åttaårig flicka? Jag klandrar ingen som inte nappade på den annonsen.

I min morfars värld var dock detta inget konstigt. Ni får komma ihåg att han var från en annan generation. Sedan var min morfar också väldigt, kan sägas, "speciell" fast på ett positivt sätt. Hur då, kanske du undrar? Han var den sortens människa som aldrig såg hinder, bara möjligheter. Ni vet Oppfinnar-Jocke i Kalle Anka? Jag kommer inte närmare beskrivningen av honom. Kanske kan det inte bli tydligare än den gången han skulle värma upp sitt hus.

Ni förstår, min morfar bodde i ett mycket gammalt hus. Huset var från hans föräldrar och då kan ni gissa er till hur gammalt det var. Detta hus var dragigt och hade inget bra värmesystem. Min morfar arbetade som bonde. Jag tror, om jag inte minns fel, att han också var snickare en period i sitt liv. Hur som helst var han en praktiskt lagd person. Pengar hade han dock inte så gott om. På en bondgård behöver man plasta in hö ibland. Ni har förmodligen sett sådana där stora "sockerbitar", det vill säga höbalar, som finns på åkrar efter att de har skördats?

Min morfars snilleblixt var att plasta in sitt hus. Han plastade in hela huset från topp till tå, med hjälp av sin traktor. Sedan skar han ut ett hål för dörren. Därefter gick han till sin granne och berättade att problemet med kylan var över. Jag undrar hur många andra små fina röda stugor det finns i vårt land som blivit inklädda i plast? Jag har fått berättat för mig att det tog lång tid att få bort plasten.

En annan gång när han skulle hålla sig i form gjorde han en stor ögla i taket ute i ladugården. Ena delen av repet hade han satt fast i ett cykelstyre. På den andra delen var det en tyngd att lyfta. Föreställ er olika bilder på hemmagym och diverse hemmagym och morfars styre i taket. Mycket bra träning kan tyckas. Jag tycker att det är både kreativt och klokt. Min morfars kropp var kraftfull och stabil. Jag tror att han använde den väl.

Med det sagt, min morfar var en speciell man. Så det är klart att det var en väldigt bra idé att skriva en annons om en åttaårig flicka som önskade en liten hund och helst gratis. Det skadar ju ingen.

Och det som nästan var ännu mer komiskt var att det var någon människa som svarade på annonsen. Mamma och hennes dåvarande sambo körde mig några mil för att hämta den där lilla hunden. När vi väl kom fram svarade dock inte hundens matte i telefon och mamma fick dåligt samvete för att hon berättat att jag skulle få en hund. Vi åkte till leksaksaffären i stället och jag fick välja någonting annat. Jag valde två små fina Polly Pocket med rosa skal.

Eftersom min mamma var dotter till en påhittig man och kanske också hade den där spontana sidan var det fler tillfällen som just hundar blev inkopplade i vårt liv.

I samma veva som min morfar var på jakt efter en liten hund till sitt barnbarn var det en stor hund som behövde ett nytt hem.

Och min mamma, mamma av en annan tid än så det funkar just idag, tyckte att det var en bra idé att jag provade att gå en promenad med hunden. Det går väl inte bara att säga nej utan att låta barnet försöka? Dessvärre var det så att det var en hund som var väldigt glad i andra hundar, och den började ibland dra och skälla när den var ute. Men om jag lyckades hålla kvar hunden kanske vi skulle ta hand om den.

Så jag höll hårt i hunden. "Släpp nu inte hunden" sade mamma. Och jag höll hårt. Men visst fan kom där en annan hund. Hela vägen från att den andra hunden skymtades tills vi var framme så hängde jag efter kopplet. Kanske var det till och med så att den stora hunden släpade mig över gräsmattan.

"Nej det blir ingen stor hund" sade mamma. Men än idag är jag glad att jag åtminstone fick försöka.

Det gick en liten tid och jag fick en lillebror i stället. En blond liten glad pojke vid namn Jim. Så var det med det. Han dög fint han med. I alla fall en kort tid när bebisar är små kryper de på fyra ben, eller hur? I parentes till berättelsen kan jag berätta att det kom en till lillebror senare; Patrik. Även han dög fint. Tiden gick och för en kort tid såg det helt annorlunda ut.

I ett par år bodde vår familj ute i det röda lilla huset vid mormors gård. Mormor som bakade bullar genom hela barndomen när jag kom på besök och stekte pannkakor varje torsdag. De skulle vara gyllene med smör och socker och snälla ingen tjockpannkaka i ugn tack! Jag flyttade hem till mormor under de nästan två åren vi bodde i det röda huset och sov där i stort sett varje natt. Klart att min mamma protesterade, ibland mycket. Men jag tror dock att detta var till det bästa. Vi hade våra egna stunder, jag och mormor.

Min lilla mormor som ofta verkade så sammanbiten när andra var omkring. Tystare och mindre synlig. Hon hade fullt fokus på det som skulle göras. Jobbet som pågick under dagarna, mat på bordet till arbetare för en stor bondgård och kalvar som skulle tittas till. Jag tycker att hon levde upp när andra runt omkring försvann för dagen. När det bara var hon och jag och hon inte servade de på gården. Då kunde hon sätta på dansbandsmusik "Leende guldbruna ögon". Hon dansade och hade sin ljusrosa skjortklänning med lila blommor. Allt lade sig över den korta fylliga kroppen. Hon knäppte fingrarna i takt. Hon skrattade och hennes ögonen glittrade. Hon hade det där klingande skrattet som bara små barn brukar ha. Gladdes åt det lilla. Livet som pågick och som kändes som om det skulle vara för evigt. Bingolotto. En bakad sockerkaka. En trädgård med mörkrosa löjtnantshjärta och doften av syrener. Ljudet av fötter på en stor och inbjudande grusuppfart. Livet i all enkelhet. Och kanske också enklare för den som har sitt barnbarn hemma och som slipper allt det där andra som livet innebär när man står mitt i det.

Klockan 22:00 skulle radion vara tyst. Då skulle man sova. Och jag låg bredvid mormor i hennes stora säng och tittade på det brunaktiga porträttet på hennes två äldsta barn som var på väggen. På mormor och morfars sagolikt vackra bröllopsporträtt som andades en annan tidsepok. Om morfar kunde hon prata ofta, trots att de var skilda sedan länge. En gång i tiden var ju även de förälskade. En bussresa till Holland och de stora tulpanfälten. Tulpaner i de mest fantastiska skiftningarna, noggrant komponerade. Krispigt och ljust. Där gick de en gång, hand i hand. Det var väl det som höll hela förälskelsen, glädjen över de små tingen. Jag blir fortfarande rörd när jag tänker på morfars tal som han höll i samband med en födelsedag, flera år efter deras skilsmässa. Han pratade då om en blomma de hade funnit i skogen. Kanske är det just alla små blommor i skogen som kan bära kärleken i ett äktenskap. Och kanske är det just bristen på blommorna som gör att det en dag faller. En dag, tio barn och en herrans massa år senare skilde de sig i alla fall.

Efter nattens vila var mormor åter igen i fullt fokus med att hjälpa till på gården. Med största omsorg gjorde hon i ordning frukost till mig och till de som arbetade på gården. Var jag väldigt trött kunde det bli frukost på sängen. Havregrynsgröt och lingonsylt. Ägg. Alltid denna frukost. Sedan blev det ofta ägg igen på kvällen eftersom jag var vegetarian och det var svårt för oss båda att komma på någon mat jag kunde äta.

Mormor hade också en hund. En svartvit bordercollie vid namn Tricko. Tricko var en rolig liten prick. Jag minns honom från att han var valp och jag försökte dagarna innan julafton klä julgranen. Han, överexalterad, nafsade mig på handen och jag tyckte han var helt bedrövlig. Men Tricko växte han med och han var så där enormt lydig och foglig i de allra flesta fallen. Så ofta att man ibland glömde bort att han sprang bort varje vår när han kände doften från tikar som löpte många kilometer bort. Samma visa varje år. Han lyssnade och kom lydigt när man ropade och sedan plötsligt en dag försvann han. Polisen hämtade upp honom och han blev hemkörd, sedan fick han vara i långlina någon vecka innan han var lös igen.

Jag minns att mormor alltid hade garagedörren öppen, och genom den dörren kom man in i huset. På det viset var det alltid enkelt att komma in. Hur kom det sig att hon aldrig var rädd för inbrott, med undantag att hon bodde långt ute på landet (dit kanske inte så många inbrottstjuvar hittar)? Jag antar att den enda vettiga förklaringen på det var Tricko, som förutom att vara superbra på att hoppa över omkullvälta hinder och leka i agilitybanor hemma på gården också var fenomenalt bra på att vakta. Han kunde till och med skälla på beställning. Det fick jag lära mig. Om man sade "skall" till Tricko så skällde han och man kunde därför alltid vara trygg om någon främling som dök upp inte var snäll. Just eftersom han skällde så högt och länge. Så fantastiskt ändå. Att en annan varelse av annan sort kan lära sig något sådant.

Efter en tid bestämde mamma att vi skulle flytta och det var det bara vår familj igen, det var väl meningen att jag skulle bo hemma igen. Jag och mormor kom ifrån varandra, sågs ej längre på daglig basis. Allt var som vanligt igen. En av de där männen som inte var bra blev värre för en tid innan han försvann. Jag tror mamma var lättad. En kort tid. Historier har dock en tendens att upprepa sig även om det kanske skedde på ett lite annorlunda sätt denna gång.

TONÅRSTIDEN

Snart började en annan tid av kaos. Tonårstiden. Umgänget jag hade var inte det tryggaste, eller den platsen och tiden vi var i. Tiden utan kompass med alla dessa hjärtebegåvande människor som gick vilse.

Jag har en tavla hemma som jag målat som föreställer en ung kvinna som är på väg att drunkna. Hon har långt, böljande rött hår som rör sig mot vattenytan. Ljuset leker på vattenytan som en kontrast mot mörkret som härrör djupet. Hennes blick ser rakt in i betraktarens ögon. Ärligt, rått och självklart. I hennes blick en enorm sorg och ensamhet. Det finns ingen återvändo. Hon påminner mig om den tiden. Där och då hände det och vi kunde inte undgå det iskalla strömmande vattnet som drog oss neråt. Det tog oss alla, men för vissa av oss fanns där ingen återvändo.

En sörja som kokade och levde alldeles för sig själv. Krafterna var så starka. Det gällde att stå högst upp för att undkomma det som drog i oss. Statusen var viktig. Vem som kände vem. Vem som vågade vad. Det var så mörkt och smutsigt att jag också förundrades över oss som lyckades ta oss upp till ytan. Hur orkade ens våra sköra kroppar bära oss efter allt vi utstått?

Det fanns inga skyddande rustningar i detta krig som pågick. Det som grävde deras grav var narkotika, kriminalitet, ångest och hårda slag i en enda sörja. I periferin beskrevs att det skett gruppvåldtäkter och till och med mord.

Jag har bilder hemma i mitt fotoalbum när två av mina dåvarande vänner satt inne i ett förråd som de hade brutit upp och flyttat in i. På en sliten gammal soffa satt en av de unga borttappade med kapsyler han lagt framför ögonen. Han log ett Joker-likt leende, men mådde förmodligen allt annat än bra. Han hade en elak styvpappa som hotade och slog honom. En mamma som inte klarade att säga nej. Jag försöker komma på hur gamla de var på dessa bilder. Det måste varit en bit kvar tills de var 18 år. Jag föreställer mig mina egna barn. Det är otänkbart att någon av dem skulle tvingas bo i ett förråd. Att jag någonsin skulle tillåta det. Hur kunde det bli så? Men tiden var som den var. Det var som att vi bodde på en plats där det var mycket som bara skedde. Kraften kunde ingen stoppa och den lämnade ingen oberörd.

Sådant som inte skulle få ske på så många andra platser i detta land på den tiden. Där vi bodde såldes det hembränt mellan lägenheterna. Festerna tog aldrig slut. Musiken dunkade in på morgonkvisten. Jag vet inte om det alltid var så festligt. En gång drack jag hembränt tills jag kräktes blod. Jag tror jag hade blandat hembränt med saft. Det var ingen som ringde någon ambulans, kanske var de rädda att någon som sålt hembränt då skulle råka illa ut. Jag är glad att det gick bra. En annan gång kastade en vuxen man in en cykel genom mitt sovrumsfönster efter att ha blivit förnärmad då jag avvisade honom. Vem ville inte ha honom? Jag ville inte ligga med honom och jag kunde bli ganska vass när jag sade ifrån. Det var inte mycket att sätta sig över om jag verkligen menade det. Tur var väl det, att jag kunde stå på mig.

I lägenhetsgångarna kräktes det, det hände att folk hade sex helt öppet och diverse konflikter avhandlades högljutt. Narkotika erbjöds. Tonåringar blandades med vuxna missbrukare. Det var både tonåringar som hade relationer med vuxna missbrukare och tonåringar som tog droger tillsammans med vuxna. Någon måste ha sjunkit väldigt lågt för att kunna erbjuda en ung vilsen själ narkotika som ett första led in i mörkret. Det oskyldiga rökandet blev än mer avancerat för en del av mina vänner. Vuxna människor som med sin status drog in dem i sin värld. Jag kan inte ha respekt för de som gjorde detta. Världar som blandades, som inte skulle ha gjort det. Finns det något mer otänkbart?

Vi stod där alla på kanten. Det var nästan overkligt hur det kunde bli så. På kanten till avgrunden och till döden. "Ett, tu, tre. Nu tar jag dig" sade den långa liemannen med den svarta rocken. Han är inte nådig. Begravningarna avlöste varandra. De föll en efter en, vännerna och pojkvännerna. Unga flickor med sönderblekt hår och svart mascara som rann ner över kinderna. Killarna som alltid höll ihop utan att visa känslor, trots kaoset. Ibland såg vi på varandra med ett påklistrat leende en stund innan masken gav vika. Tillvaron var mer overklig än verklig. Hur kan det bli mer fel? Unga människor ska inte dö på det sättet. Det ska inte ske. Men det gjorde det. I tiden som nästan inte var på riktigt.

Kanske var det just denna overkliga, otäcka känsla som gjorde att jag hade kraftfulla mardrömmar om clowner. Otäcka clowner som kom i stora hoper och alla hade de förvridna ansikten, skrattande. De gick rakt emot mig. Och jag försökte skydda mig själv genom att låtsas som att allt var som vanligt. En man som kallade sig Djävulen, som stod på taket av ett brinnande hus. Hästar som var stora som höghus som kom galopperandes mot mig och såg livrädda ut. Män som var mördare och ondskefulla, och som jag gång på gång lyckades undkomma. Varje natt var som en skräckfilm och jag var inte bara på första parkett; jag var måltavlan. Drömmarna tog inte slut. Jag var rädd för att sova. Och det hände ofta att jag inte somnade förrän det var morgon och ljusnade. Jag kunde andas ut och däckade av ren utmattning. Jag stod förbi nattens mörker.

En av de som inte stod emot mörkret var en av mina bästa vänner. Han tog sitt liv några år efter att kaoset ätit sig in i hans liv. Han orkade väl inte med all den där mörka sörjan vi alla var en del av och jag klandrar honom inte. Men det gör mig så ont att han inte lyckades hålla ut. Eller att jag inte lyckades stoppa honom; tänk om jag hade kunnat?

Döden var så nära inpå oss. Jag tror att jag till stor del lyckades behålla livet tack vare att jag hade två småbröder jag inte ville svika. Jag hade tur i det. Döden var inget bra alternativ även om det kunde locka. Min vän som inte hade samma tur orkade inte ta sig upp. Det mörka satt för djupt. Tillfälligheterna ledde honom dit.

Han brukade kalla mig syster och jag kallade honom bror. Jag fick för en tid en trygg storebror som beskyddade mig. Jag älskade verkligen den där stora, varma famnen. Hans självklara aura. Jag kan än idag minnas känslan när den där stora kroppen jagade runt efter en man som betett sig illa mot mig. Eller en annan gång han skyddade mig från min dåvarande pojkvän. Där stod han som ett tydligt stopp på vägen. Det gick inte att gå förbi honom. "Gå härifrån nu" sade han lugnt och stilla, och vem lät bli att då gå? Hans djupa skrattgropar och gyllene hud. Bruna snälla ögon. Hjärtat som slog i samma takt. Jag är för all framtid tacksam för det han gav mig. Jag behövde honom verkligen i mitt liv och det har tagit mig många år att släppa den där ihållande saknaden som även i vuxen ålder kommit stundvis. Att på något sätt acceptera att jag inte kan ändra på tiden som varit. Jag är så ledsen att han inte fick uppleva att allt blev bättre, att han inte tog sig ut ur mörkret. Att han berövades livet, inte fann någon utväg. Att hans familj inte får krama om honom igen. Det som gör mig nästan ondast är att jag tror att han i dödsögonblicket ångrade sig. Det finns ingen återvändo när man skjutit sig själv.

Vi fick ett sista minne som jag håller inlåst i mitt hjärta. Just den gången berättade vi för varandra hur viktiga vi var för varandra och kramades. Han grät när han kramade mig. Var så där extra kärleksfull. Jag älskar dig. Jag saknar dig. Jag mår inte bra. Det var nästan som att vi båda visste. Att vi snart inte skulle ses i denna självklara form.

Tiden var inte snäll. Allt detta kaos som pågick. De som dog. De som trasslade med droger, stölder och misshandel. Dygnen där vi var mer vakna på nätterna än på dagarna. Mamma måste ha varit livrädd. Haft svårt att sova om natten. Jag hade inte varit trygg om jag hade varit henne.

Mamma tyckte väl i perioden av kaos att det var väldigt bra om jag hade en hund vid min sida. Vi råkade på en hund igen. Denna gång var det en man som skulle in i fängelse och min kära mamma förbarmade sig över hunden. Det var också en stor hund. En schäfer. Ouppfostrade schäferhundar är dessvärre svåra att hålla även för tonåringar, men skam den som ger sig. Både jag och mamma kämpade hårt med den där hunden. Det kan jag bedyra. Mamma hade också någon idé om att en schäferhund mådde som bäst av att vara ute fem timmar per dag. Helst skulle man gå under denna tid eller göra en aktivitet. "Jag menar herregud, en så stor hund kan väl inte bara ligga inne om dagarna?" Det var egentligen ganska smart. Nu fick jag motion och hon visste var jag var någonstans.

Sallo. En stor, snäll och bitvis "olydig" hund som skällde mycket på människor han inte träffat förut, vilket gjorde att det var omöjligt för nya människor att inte hålla sig på avstånd. Inte kunde någon äldre man få för sig att han skulle ligga med mig och försöka tränga sig på med en stor hund vars kropp endast var muskler. Var han inte stundtals min skyddsängel så säg. För övrigt världens goaste hund som mamma också kallade för "den artiga hunden". Han stannade nämligen till i backar för att vänta in henne när de var ute och gick. Ofta med blicken "hur går det, är du med?". Och mamma visade honom med sitt kroppsspråk att det var helt okej. Efter den vinken fortsatte han att gå.

Jag tyckte verkligen om honom. Han spred så mycket trygghet omkring sig. Jag minns än idag hur han stod med sina fyra ben över mig i sängen på morgonen, ivrig att komma ut. Ivrig innan jag skulle till skolan och även ivrig alla de dagar jag inte gick dit. Undrar om det inte var så att jag lite oftare kom till skolan när han var i mitt liv?

Vi lånade honom den där perioden, vilket jag var tacksam över, men sedan kom den där killen ut ur fängelset och vi fick säga hejdå. Tiden gick vidare. Sallo var inte hos oss mer.

Jag var tonåring och förälskade mig och träffade killar. Hade ett par långa relationer trots min ringa ålder. Ni kan gissa vad för typ av relationer jag hamnade i. Killarna kanske inte alltid var av den behärskade sorten. Kanske var relationerna lite för hetsiga och lite för händelserika. Kärleksbrev varvades med ständiga hot om uppbrott, Jag lyftes till himmelen och sedan var det nästan slut. Jag var den vackraste, mest älskade prinsessa på denna jord; en gudomlig gudinna som inte var som någon annan. Sedan var jag något annat. Jag pendlade mellan att vara i ytterändarna av alla känslor som fanns. Upp och ner. Jag blir trött bara jag tänker på det. Att inte vara i balans tar så otroligt mycket energi. Det är dränerade och skapar ett beroende som känns så starkt som jag kan gissa att en drog kan göra. Det är märkligt att det var så svårt att frigöra sig från det som gjorde så ont. Det tog allt för lång tid.

Jag flyttade hemifrån på tok för tidigt. Bodde hos min pojkvän som var flera år äldre. För en tid lekte jag vuxen och livet pausades. Hembakad paj och lasagne in i frysen. Han skämde bort mig ibland, "klä dig fint" kunde jag få meddelande om och sedan gick vi på restaurang med de få pengarna han hade. Mörkret bodde dock över mig som en ständig skugga. Det var egentligen märkligt att någon lyckades förälska sig i mig.

Fyra pojkvänner hann jag med innan den femte, som kom att bli min man. Och som de flesta andra hann jag med ett par häftiga förälskelser som inte landade någonstans. En kyss, en natt där vi dansade till musik som gick om och om igen. Några tankar om livet som utbyttes. Jag tror vi alla varit där någon gång. Hjärtat vidöppet och suktande. Kroppar som ville närmare. Den där kärleken som i slumpartade andra liv hade kunnat bli mer. Kanske bra, kanske dåligt. Ingen som vet.

Dessvärre lever två av de tidigare pojkvännerna inte idag. Den ena dog när vi var unga och jag fortfarande var förälskad i honom. Mitt första bultande hjärta. Jag tog det hårt. Han var min allra första. Och det var också helt brutalt hur det hela gick till. Han hade inte ens trasslat till det, utan dog oskyldigt i en olycka med föräldrar och familj som förmodligen sörjde ihjäl sig. Jag lider verkligen med alla dessa stackars familjer som fick uppleva helvetet. Kan inte föreställa mig hur det känns att förlora sitt eget barn. Jag hoppas så att de tar sig vidare i sina liv. Kan andas fritt. Få många och långa stunder utan smärta. Den andra tidigare pojkvännen dog nu i vuxen ålder. Magnus, fina Magnus med den snälla mamman, vad kär jag var i dig en gång i tiden. Och vad otroligt fel det blev.

ARG SOM ETT BI

Händelser tar så småningom vägen någonstans som ni redan vet. Sätter sig ovälkommet i kroppen och lagrar sig i känslolivet.

Med undantag för alla människor som dog och det kaoset som var under denna tid, fanns det något mer som låg som ett tydligt minnesspår denna tid. Det var min ilska. Min nästan ostoppbara ilska som nästan välde fram och pyste ut som hos en uppretad drakhona som du tänker stjäla det gyllene ägget från. Jag var så arg och stundtals så otrevlig att jag kan skämmas av bara tanken. Det är långt ifrån den person jag är eller vill vara. Det var egentligen inte min grundperson som kom fram, eller var det så att det var just det som hände? Ibland kan jag tänka att kanske är jag så mycket mer spontan, känslostark och ilsken än vad livet formade mig till. Själ och hjärta, vad bor där inom? Jag kanske helt enkelt fått lära mig att inte vara så arg? Liksom hämmats på vägen? Låt bli att pysa ut den där tjocka röken, kära drakhona, för inte är den vacker. Låt bli att ta plats och håll dig på mattan.

Jag tror inte på ilska i dess mest okontrollerade form som en metod. Det kan både bli elakt och göra så att andra människor far illa. Det är dock ett utmärkt sätt att sätta gränser. "På utsidan är du så kaxig, men inte på insidan" lyfte min vän som sedan tog sitt liv. "Nej du har fel" argumenterade mamma. "På insidan är hon riktigt bestämd men på utsidan är hon mjukare". Jag undrar vilka olika sidor av mig de såg. Det är lustigt att man minns just en sådan diskussion så där flera år senare. Jag minns också när jag satt på en bar med ett par andra vänner och vi lyckades komma in på detta ämne. På något sätt hade min några år äldre killkompis lyckats ge mig en komplimang samtidigt som det kanske skulle kunna tolkas som en ren förolämpning. Han tittade på mig och sade "Det klär dig att vara kaxig". Jag vet inte vad han laddade i detta. Om det var just att det klädde mig att vara alla mina sidor, eller om det var just för att det var ett bra skydd mot de där otäcka, tafsande, missbrukande männen som fanns runt oss. Eller vad det var. Men jag landade mjukt i att det var helt okej. Jag fick lov att ta den där platsen eftersom jag behövde den.

Och så jag behövde ilskan. Den tog sin plats i olika sammanhang. Ilskan tog plats mot lärare och jag sprang ut från klassrum. Välte nästan ner saker på vägen. Fällde otrevliga kommentarer. Kanske hörde det också till att jag utstått ett par år av mobbning. Jag hade varit hon som var trasslig och fel. Klädd fel. För avvikande, för ensam. För ledsen helt enkelt. Det hade kastats bollar på mig, man talade illa om mig och sänkte mig i gruppen. Man skrattade åt mig. Självkänslan var så låg och illa tilltygad den kunde bli. Något inom mig ville nog bara sätta stopp för allt och det hände att jag till och med knuffade in en kille i ett skåp. Jag kunde ställa mig upp och väsa åt de i klassen som var högljudda att de skulle hålla käften och de gjorde det.

En märklig kontrast till allt. Att vara arg som ett bi. Samtidigt som jag rent statusmässigt i gruppen, trots att jag var i den "coola" gruppen, inte låg högst utan förmodligen fick slå mig fram ibland även där. Hävda mig och låtsas. Och samtidigt låta den där drakhonan ibland få komma fram, som ett sant inre väsen som bara ville komma ut.

Under denna tid satt jag och min nära vän (vi kan kalla henne M), också en av mina bästa vänner, i en barack vid sidan av skolan eftersom vi hade så hög frånvaro. Vi satt där och fick möjlighet att göra så mycket annat av det vi faktiskt tyckte om. Vi skrev dikter på löpande band och ritade porträtt med våra små nattsvarta kolkritor. Dikter om livet och döden och kärlek och sorg. Om storslagna känslor och demoner i det inre. Man kan säga att livet delvis formade sig efter mitt behov. Hade jag inte haft ett andrum i skapandet så säg.

Det hände också, såklart, att lärarna vågade sig på att ställa lite krav. Men med den allra mjukaste rösten. En av dessa var Sven-Åke. Det slår mig att jag inte ens minns hur han såg ut. Jag minns bara en beigeklädd, skjortklädd, medelålders man som kan ha varit lite tunnhårig. Han var en av de snällaste själarna jag stött på. I detta kaos gjorde han precis det han skulle, men också som många vuxna av denna tid ännu inte lärt sig. Han försökte bli vän med drakhonan istället för att gå i kamp med henne.

Jag kunde få mina brutala utbrott. Ilskan stod så högt att den vara svår att hantera och jag kunde vara på väg att rusa ut därifrån för att aldrig komma tillbaka. Inuti en öppen skärseld. Lite försiktigt gick han efter mig och försäkrade mig om att det inte var farligt. Det var inte farligt att inte förstå och vi kanske skulle ge oss på det där mattetalet igen, snart. Och det var ju faktiskt så, ändå, att jag klarat så mycket fram tills nu och eftersom jag hade så mycket av det svåra bakom mig så nog skulle detta också gå. Jag kunde inte riktigt med att släppa ut den där ilskan mot honom. För han ville bli min vän. Och då också vuxenvän, inte otäcka äckliga vän. I det var han en av tidens största kontraster. Han ville mig ingenting annat än att just vara en trygg vuxen.

Jag tänker ofta på den där arga flickan när jag jobbar med ungdomar. Speciellt tänker jag på henne när jag träffar på riktigt arga flickor i den åldern. Jag brukar tycka att det är roligt att få träffa just dessa. Liksom roligt att få vara den där som blir just den vuxna vännen i stället för hon som går in i kampen. Sedan kan jag också tänka på henne ofta när jag kommer emot begreppet adhd. Det är väldigt aktuellt i denna tid och jag har själv skrivit en bok om just barn och ungdomar med neuropsykiatriska funktionsvariationer. Det är ett komplext ämne och just i den här stunden har pendeln slagit från att allt är miljö, till att ingenting är beroende av miljö. Det är inte en bra utveckling och den är svår att hantera för en psykolog. Hur hade jag själv sett på denna arga flicka om jag träffat henne och skulle utreda henne? Vad hade lärare och andra sagt om henne? En impulsiv tjej som inte kunde koncentrera sig eller sitta stilla. Upp och ner från bänken, inte fasen brydde jag mig. Fann ingen mening i läsandet eftersom jag ändå inte skulle ha någon nytta av det. Jag varken ville eller trodde mig behöva det. Undrar om de vuxna verkligen kunde se hur dåligt jag mådde, när jag dolde det så väl? Lager av smink och timmar av förberedelser kan göra så mycket. Hur hade hon klarat att prestera efter en natt av ångest och då hon kanske till råga på allt knappt åt? Hur hade hon kunnat prestera med de hemska minnena som tryckte sig på dag som natt. Kaoset som levde och varade, i dess allra råaste och mest äkta form. Det är ett under att jag ens gick i väg till skolan, någon gång.

Det hände till och med att jag rentav gjorde urkorkade saker. Jag hade efter tid lyckats skrapa ihop höga betyg men i kaoset var jag allt annat än begåvad. Min hjärna orkade inte tänka. Jag var för oengagerad för att orka tänka. Det fanns ingen motivation, för det fanns ingen framtidstro alls. Det är också märkligt egentligen vilken ond cirkel det blir. Man tror att man inte kan och man kan inte eftersom självförtroendet är så lågt. Då är det inte heller någon idé att lära sig och så fortsätter den onda spiralen. Än idag väller just den känslan över mig vid nya uppgifter och jag får alltid kämpa extra en stund innan den där spärren släpper. Att göra nytt under tidspress är inte min grej.

Jag hoppas att jag i denna position jag nu befinner mig har sett alla dessa drakhonor och att jag har gjort rätt i alla mina bedömningar och utredningar. För detta är alltid en faktor. Jag vet att det kan vara både och, både adhd och kaos. Men det kan också bara vara kaos och det är viktigt att veta skillnaden. Att förstå den. Och det är väl just där det är så viktigt att det är rätt personer som gör bedömningar och utredningar. Personer med gedigna utbildningar och erfarenheter. Som tar sig tiden att läsa bakåt i journaler och att ställa viktiga frågor. Att inte låta det som är obekvämt passera. Det är viktigt.

Så fantastiskt att få möta alla dessa barn och ungdomar i samtal och utredningar. Det har också bidragit med någonting djupare inom mig. Att få bidra med något till någon som har det svårt, hur stort är inte det? Det är nog bland det mest värdefulla jag har fått göra i mitt liv. Jag hoppas alla upplever den ynnesten någon gång, att få göra någonting som känns värdefullt för någon annan. Det skapar mening.

Man får inte låta sig luras. De slitna skorna som en gång stals från Åhléns. Den allt för mörka underlagskrämen som lade sig som ett täcke över den bleka huden. Allt detta mörker runt ögonen, kajal och ögonskugga, bara i svart. Den smala lilla kroppen som bar runt på alla dessa starka känslor. Ur det mörka kan så mycket missförstås.

John Silver utan filter, vilken frukost ändå. Ibland vek jag mig dubbel. Ångest och cigaretter. Inte konstigt att magen värkte. Inte konstigt att den kunde brännas. Hela kroppen var i obalans. Vill du vara hälsosam och snäll mot din kropp är detta motsatsen till hälsa och vad du vill ge din kropp. Och det säger något ändå, att en människa kan behandla sin boning så illa.

Ibland försökte mamma desperat få i mig frukost på sängen och trugande locka mig att komma upp till dagen. Det vore bra för framtiden vet du. Men framtiden är ingenting en ilsk tonårstjej tänker på. I mina tankar skulle livet ta slut när jag var tjugo år, som högst. När jag sedan passerat denna linje gick jag länge och bara väntade. När skulle livet ta slut? När skulle jag dö? Det borde närma sig, tyckte jag.

Men det gjorde inte det. Jag fick bli vuxen. Och den där flickan som var arg som ett bi håller jag hårt i mitt hjärta. Hyser ömhet inför den lilla flickan som var. Jag tror att det var nödvändigt att hon fick komma fram. Jag tänker inte skämmas för henne och den nödvändiga kamp hon förde. Såsom så många andra ilskna tonåringar gör. Lämna dem för guds skull inte i tron att det är deras fel. Att det är deras skam att bära.

Och draken har jag intatuerad på min fot. Hon är styrka och får så förbli. Skulden jag har över det hon har gjort är egentligen inte min, även om det stundtals känts så. Det var omständigheterna som inte lyckades tygla eller trösta. Det var de vuxna, som släppte och seglade förbi. Tystnaden talade sitt tydliga språk och skar genom luften. Vi måste hjälpa när vi kan. Snälla hjälp när ni kan.

ÄNTLIGEN VUXEN

När jag var liten längtade jag hela tiden efter att bli vuxen. En del vuxna säger till sina barn i all välmening att det är tråkigt att bli vuxen och att de ska njuta så länge de kan av att vara små. Inga räkningar som ska betalas. Ingen mat som ska lagas. Men som vuxen går det att bestämma själv och det går att skydda sig från det man inte vill ha i sitt liv. För de allra flesta kan själva välja vilka de ska släppa över sin tröskel. Och det är så jag har gjort hela tiden, sorterat ut och gjort medvetna val. Jag har sökt något mer och större. Något som har varit utöver, jag har velat komma i kontakt med innerligheten. Annars är det inte lönt.

Åren gick och jag träffade min man, Pontus. Han var motsatsen till allt jag tidigare upplevt. Jag valde det som inte var välbekant. Frångick det som brann och snuddade vid galenskap. Valde en tryggare kärlek. En brygga på djupt vatten med ett ankare. Det passionerade är av en annan sort. Han är en av de vackraste människorna du kan föreställa dig på denna jord. Djupa skrattrynkor runt ögonen och mörkbruna, snälla ögon. Mitt kärleksväsen och hjärta. Vi har levt tillsammans i tjugotre år. Tjugotre stabila år. En stor, stark hand som håller min. Det har alltid varit något speciellt med just detta. Symboliken i en stor, trygg, varm hand som så säkert håller i min. Varm och omslutande, tillsammans i livet. Tillsammans finns inga gränser eller hinder som är för stora. Det var kärlek vid första ögonkastet och han har varit en del av min läkning.

Det har varit avgörande för mig att få se att det finns snälla män som inte är lynniga. Som kan bli arga utan att gå över gränsen. Som inte är svartsjuka och vill kontrollera. Som vågar visa känslor och inte håller tillbaka tårarna. Och även att det finns en människa som orkat stå ut och stå över det onda och skadeskjutna jag hade med mig.

För nog bodde det ångest inom mig. Brutal ångest. Länge var varje dag en kamp. Ibland kändes det som om tyngden jag hade med mig skulle ta livet av mig. Den djupa avgrunden och det tickande hjärtat kunde hålla mig vaken nätter igenom. En gång sov jag inte på två dygn. Ett hjärta som konstant slog hårt och snabbt. Jag fick kippa efter luft. Ett blödande sår inuti och ett virrvarr av kaos.

Hur kunde någon nära mig älska mig tillräckligt? Orka? Vad hade jag egentligen mer att erbjuda än spillror från något som knappt kom fram? Jag vet inte hur många gånger han har sagt att han står kvar, men han har sagt det många gånger. Han är kvar och tycks vilja vara det.

Jag har också blivit hjälpt av många timmars terapi som pågick under flera år. Att våga prata och att få andra perspektiv på tankarna var avgörande. Jag har fått möta demonerna flera gånger om i samtalen. Till slut slutade det att göra så ont. Jag fick slå i det jag trodde var sten tills det var genomträngbart. Tills bara sanden fanns kvar. Och den har runnit ut och blandat sig med all den ljusa sanden. Den har blivit mjuk att gå på och är en del av historien.

Vi bär alla på våra ryggsäckar och de är olika tunga. Somliga av oss bara bär utan att reflektera över den. Några få har turen att ha ovanligt lätta ryggsäckar. En del har flera omkring sig som hjälper till att bära, andra inte. Jag tror dock att det viktigaste vi kan göra är att ta upp innehållet och försöka förstå det. Våga se på det i ljuset. Vara nyfiken. Vad hände? Hur hjälpte det till att forma mig? Och vem är jag utan mitt förflutna? Vad ligger i min grundpersonlighet? Så mycket det finns att fånga upp och prata om. Jag tror verkligen på samtalets kraft. Att våga sätta ord på och prova sina tankar mot en annan människa som mjukt fångar upp. Som låter dig reflektera och tänka kring viktiga områden i ditt liv.

Det lades mycket tid till att släppa skuldkänslor, att förstå vad jag genomgått och vad det satt för spår. Det var en lång träning i att sätta gränser, ge sig själv omtanke och att bearbeta minnen som etsat sig fast. Slå sig fri från sorgeväven. Djupodlad terapi när den är som bäst. Det är som att träna nya muskler och låta dem växa för att stegvis kunna orka mera. Då räcker dessvärre inga tio samtal med ett enda fokusområde. Och det är just därför ingen kan bli en samtalscoach på ett par veckor och sedan, utan en annan grund att stå på, lyckas hjälpa dig med en djupodlad terapi. Därmed inte sagt att det är terapeuten som gör det stora arbetet, utan det är du som kommer dit som gör det. Dessvärre.

Den psykogen jag hade som gjorde mest avtryck har nu gått i pension, men hon var en av de bästa du kan tänka dig. Jag har speciellt ett minne som är tydligt. Det var när jag under en traumasession fick skyhög ångest och tiden tog slut och jag var tvungen att gå. "Nej" sade hon "Jag tänker inte släppa dig innan du kommit ner lite i ångesten." Jag insisterade på att gå eftersom tiden gått ut men hon vägrade släppa mig. Hon bad mig pressa händerna allt vad jag hade mot dörren och när jag gjorde det kom tårarna som inte ville ta slut. Allt det som kved brast ut. Efter en stund fick jag gå men det var först när jag släppt tårarna. Det var värdefullt för mig. Hon hade tagit av sin dyrbara tid när klockan slagit fem för att jag skulle orka mig igenom ångesten. För att jag skulle kunna gå därifrån utan att vara ett vrak tills vi sågs igen.

Jag var betydligt mindre splittrad än innan jag gått hos henne. Det som i termer kallas PTSD, posttraumatiskt stressyndrom, försvann med tiden. PTSD är ett tillstånd som kommer sig av svåra trauman och det behöver inte alls beröra krig och död som så många tror. Har du varit med om svåra traumatiska händelser av värre karaktär kan det sätta sig i din kropp och kroppen kan alarmera om den tror att den behöver det även när den inte behöver. Vanliga symptom är återkommande mardrömmar med samma tema, flashbacks, återkommande skuldkänslor, obefogad rädsla och skräck för symboler som påminner dig om traumat. Traumat lever kvar som om det fortfarande pågick.

Det magiska är att vi människor är utrustade med förmågan att läka och vi kan göra det genom bearbetning. En dag lugnade sig helvetet och det var då jag fick ett liv. Ett liv av värde.

Mina flashbacks uteblev. Jag fick inget tryck över bröstet eller kände att jag skulle kvävas när jag pratade eller tänkte på svåra minnen. Har man aldrig gått i de skorna är det svårt att föreställa sig det totala mörkret. Som en tryckkammare av mörker med en skräckfilm som går på repris. Denna skräckfilm går det dessvärre inte att pausa. Ständigt försökte jag trösta mig själv genom att inom mig tala till mig själv lugnande. Det är bara minnen. Bara minnen, det sker inte nu, försök att släppa det där. Inte på riktigt. Inget ont händer dig nu. Men vad hjälpte det? Jag behövde få hjälpen som jag önskar att alla med sådana sår får. Vi är alla värda hjälpen.

Men den där inre totala tryggheten, att kunna sova med en öppen dörr eller till och med under stjärnorna ville inte riktigt infinna sig. Små fragment av otrygghet bodde kvar i mig. Små, vassa stickor som jag inte lyckades dra ut även efter år i terapi. Jag hade blivit mörkrets vän. Jag kände det allt för väl. Det var liksom inte lönt att försöka få bort det, trodde jag. Jag trodde det var permanent. Att det hade borrat sig fast och var något jag fick acceptera. En liten sticka här och var tillhör väl livet? Så småningom blev jag även av med de svåra resterna. Men den hjälpen kom från oväntat håll och den fyrbenta dyker upp först längre fram i livet. Jag tänker att hundar är sprungna ur den renaste form av kärlek, så kanske var det inte så märkligt ändå.

Ni kanske minns hur mycket jag alltid önskat mig en hund? En gång som ung vuxen blev jag erbjuden en nio månaders hund som inte var rumsren och som någon bara ville bli av med. Jag sade nej, trots att jag verkligen egentligen ville ha en hund. En annan gång blev jag erbjuden en gammal hund som inte hade långt kvar att leva. Även då sade jag nej. Det var tur att jag litegrann kunde lista ut att det skulle bli svårt att ta hand om en hund med min urkassa ekonomi. Det hade blivit allt för kämpigt.

Tiden gick. Vi fick ett, två och tre barn. Alla pojkar. Att få uppleva fler bra killar, kanske var det ödets sätt att ge mig möjlighet att läka ännu mer? Kloka, varma, älskade. Alla med hjärtat på rätt ställe, och de gör mig dagligen så stolt att hjärtat ömmar sönder. Alla har de lärt sig att sätta ord på sina känslor och försöker att visa dem. Jag tror att en av grunderna till att vara empatisk och att leva ett närvarande liv är att kunna hantera sina känslor. Gör vi det finns det så mycket mindre grogrund till konflikter. Det är en av de viktigaste byggstenarna.

När killarna var tonåringar blev vi familjehem till en flicka. En tjej av bästa sort som bjuder oss på äventyr varje dag. Den mest kavata lilla flicka du kan tänka dig som om möjligt har ett ännu större behov än mig att skapa. Ett sjungande litet barn. Jag tänker att sången är läkande för själen och bygger styrka i jaget. Sången frigör och kallar styrkan inom oss. Hoppas att hon aldrig slutar sjunga.

Deras barndom har tagit mig till tusen godnattsagor och pannkakor på åkern. Förväntansfulla ögon en julaftonsmorgon. All denna barndomsmagi, i mitt vuxna liv fick jag uppleva det genom de mina. Tomtar och troll och hemliga stigar i skogen. Platser som är heliga. Vårt önsketräd dit man gick och berättade vad man önskade sig, blundade och hoppades. Vår plats vid dungen där elden sprakade. Alla stunder av förundran och glädje tillsammans med dem. Att få hålla handen och att få blåsa på små skrubbsår. Det är en ynnest att få vara mamma. Jag har aldrig tagit det för givet och jag har alltid känt att de även har burit mig, läkt mig. Vi är kittet och verkligheten. Både äventyret och vardagen där livet pågår i sitt lugna mak. Vi bildar allihop trådar till livets väv och vi gör den vackraste resan tillsammans.

En tid i livet var jag också allvarligt sjuk när jag fick neuroborrelios som jag gick med i nästan ett år utan att bli behandlad eller få svar. Jag var otroligt trött och hade domningar som härjade runt i kroppen. Den tiden satte också djupa spår i mig, både mentalt och fysiskt.

Jag slutade då att gå ut i skogen, trots att jag egentligen älskar att vara i skogen. Kan hända att det blev lite mycket med borrelian och rädslan för fästingar. Men det berodde också på att jag vid ett par tillfällen blev jagad ute. Ena gången när jag skulle hem från jobbet sent på kvällen, då jag blev jagad på cykeln av en man jag aldrig såg då jag inte vågade vända mig om. Men han var så nära att han nästan nuddade cykeln och hans steg ekade så högt mot marken. Jag kunde aldrig ana att jag har kapacitet att cykla så snabbt. Adrenalin kan verkligen göra sitt. Den andra gången, när jag lämnat av ena sonen på innebandyträning, hade jag en stark känsla av att min bil inte skulle stå vid en specifik parkering. Jag cirklade runt men fann ingen annan parkering och eftersom han var tvungen att hinna till en match så fick jag lov att stå där. Jag lyckades då undkomma en påverkad man som inte hade goda intentioner genom att låsa in mig i bilen. När jag satt mig ner började det rycka i bildörren. Han var hög av substanser och jag kunde knappt möta hans blick. Det var synd att jag inte tog mitt förnuft till fånga och fotade honom. Jag stannade bilen, pekade finger och drog därifrån fort. Hans utseende mindes jag knappt, men jag mindes hans jacka när jag omskakad ringde polisen. När jag nästkommande dag ringde min faster berättade hon att hon hade haft en så hemsk mardröm. Hon drömde att jag blev jagad av en demonliknande man och hon mindes bara hans jacka. Så sammankopplade är vi och det är svårt att kalla det slumpen. Tusentals timmar av samtal har kopplat oss samman. Tiden är det sanna kittet.

Vad är det med de där onda människorna som tror att de har rättigheter som de inte har? Det är så svårt att ta in att somliga tycks sakna empati och att det finns de som beter sig som rovdjur. Dessvärre går det inte alltid att skydda sig. Jag kände mig plötsligt så otrygg när jag gick där i skogen. Det var besudlat att gå där. Stegen kunde komma. Hotet kunde vara nära.

När jag lyssnade på musik hade jag ena luren alltid hängandes vid axeln, så att jag kunde höra om någon smög bakom mig. Alltid lite i beredskap för galenskap. Det slutade att vara njutbart att gå där bland grenarna. Varför ska man gå någonstans där man inte är helt trygg? Där det kan dyka upp människor som vet att de förmodligen inte blir påkomna? Jag gick dit alltmer sällan. Längtan försvann någonstans i bakgrunden.

Det magiska med livets alla små vägar är dock att vi kom närmare skogen när vi flyttade ut till landet. När vi flyttade hem, som det också går att tänka. För det är första gången jag varit någonstans där jag känner att jag inte vill lämna platsen. Innan har det alltid kvittat mig. Första gången jag känner en stark anknytning till en plats. Det är otroligt att det blev vårt. Ett litet hus som ligger omgivet av den majestätiska naturen, alldeles bredvid en hästgård. Jag känner varje liten vrå av detta hem. Framsidan och fältet där man ofta sitter mot husväggen som ger ett skydd mot vinden när den är kall och solen varm. En liten grusväg med skogen runtom. Alltid omgiven av skogen. Kantarellstråken och blåbärsplatsen. Överallt finns det liv. Överallt är jag förundrad och tacksam. Jag hade aldrig kunnat föreställa mig att det skulle kunna bli så bra. Det finns ingen plats som är mer hemma än vid trädgrenarna som sträcker sig över himmelen. Åkrarna och traktorerna som här och var stannar till för allt arbete som behöver ske på en gård. De magiskt vackra raderna av ekar. Vinden som viner genom björkarna. Att få lägga sig med en ömmande kropp efter att man har tagit i och kroppen kämpat. Att få bli smutsig av jord på händerna. Allt det. Älskade, käraste plats. Det var här allt det magiska tog sin början. Det var här det hände. Och det var också här det en dag flyttade in en högst älskad individ som än mer drog mig ut i skogen. Så att jag fick leva, på riktigt.

LOPPAN KOMMER HEM

Det dröjde en tid efter att vi flyttat till landet innan min man, efter en lång övertalningskampanj, gick med på att skaffa en hund. Han hade nog aldrig förstått hur pass viktigt det var för mig. "Varför ska man skaffa sig en massa arbete?" Promenader, pass och smuts var hans motivering. Det gäller att stå upp för sig själv när något är viktigt. Jag fortsatte stå på mig och han gav till slut upp. Jag kunde väl skaffa den där hunden ändå, om jag kunde ta hand om den mest själv? Den kunde vara mest min. Om han liksom slapp? Han skulle minsann inte gå några promenader, det visste han ju hur det kunde bli. Nu händer det ofta att vi båda står i startgroparna och helst gärna går den där promenaden, så det ändrade sig till slut.

Vad tror ni jag ville ha hem för en hund? En stor, snäll hund. Ju större och starkare desto bättre. En hund som gjorde mig trygg. Ingen liten varelse utan någon som kunde skydda. Skydda mig från alla oberäkneliga elakingar därute. En hund som inte tvekade, utan försvarade med en gång vid en attack. Det kunde behövas, kände jag.

Jag nördade in mig och jämförde hundraser och egenskaper. För liten, lite för stor och för mycket. Fokus var att finna en förstagångshund som kunde skydda men som också var så där lagom av allt. Jag visualiserade och sedan dök hon plötsligt upp. En dag på jobbet när jag inte hade mycket att göra bläddrade jag åter igen igenom en massa Blocket-annonser. Helt plötsligt dök den märkligaste annonsen upp. Hund säljes. Snart två år. Till familj på landet. Snäll. Fotot var taget ovanifrån och en svart, brun och vit hund kunde skymtas, men på fotot kunde jag knappt urskilja hur hon såg ut. Jag ringde kort efter att jag sett annonsen.

En äldre kvinna med snäll, hes röst svarade. Jag gick igenom min lista. Är hon snäll? Trygg? Bra med barn? Kan hon vakta? "Ja, allt det där" svarade kvinnan. I den sista frågan nästan laddade jag eftersom jag var rädd att hon skulle svara nej. Är hon stor? "Ja hon är stor" fick jag till svar "Som en större golden retriever ungefär." En lättnadens suck. Efter att jag hade berättat om vår familj beskrev kvinnan att hon ville bli av med hunden eftersom hon krävde mer än vad hon kunde ge. Hon tyckte att det inte kändes rätt gentemot Loppan att ha kvar henne. Loppan hade för mycket energi och kvinnan hade det kämpigt med kroppen. Orkade inte gå alla de där promenaderna som Loppan behövde. En annan familj var intresserad och de skulle komma imorgon, men jag kanske hann före? För mig ett märkligt resonemang, för en hund är ingen sak där någon får första tjing. Men kanske var det så att hon hörde redan genom telefonen att det var hos oss Loppan skulle vara.

"Jag kommer" sade jag och hela kroppen bubblade av lycka. Jag gick in till min kollega och sade till en något förvånad min att jag skulle flexa ut och åka och hämta en hund. Så var det bra med det.

Snabbt satte jag mig i bilen och vägen Karlstad-Säffle tog väldigt lång tid eftersom jag trots GPS lyckades förvilla in mig på småvägar. Över upp- och nedförsbackar och tvära kurvor mitt ute i skogen. Kan resan ha tagit 90 minuter? Jag minns den som en kolsyrad bubblig dryck med sprittande känslor som for överallt. Det är fortfarande ett av de mest tydliga minnena jag har. Lyckan inom mig den stunden.

Plötsligt stod jag där framför ett litet och öde hus. En lurvig, väldigt smutsig, lycklig varelse kom emot mig. Precis som kvinnan sagt var hon i storlek av en stor golden retriever ungefär. Korsning av berner sennen, storpudel och labrador. De allra snällaste ögonen på denna jord. En sprudlande, nyfiken blick som talade *"kom och lek med mig!"*

Kvinnan som var Loppans ägare, jag och Loppan gick en promenad. Bredvid skuttade Loppan lös utan koppel. "Hon är så annorlunda" sade jag "Inte kanske riktigt precis vad jag tänkt men så fin". "Vad hade du väntat dig?" frågade kvinnan som jag inte minns namnet på med en glad stämma. "Ja, kanske hade jag tänkt någon lite mer respektingivande hund" svarade jag lite osäkert. "Men hon är perfekt som hon är" bedyrade jag och det visade sig vara mer sant än jag visste om då.

Det blir bra tänkte jag. Jag tröstade den där inre rädslan med att hon i alla fall var stor. Och hennes glädje fångade mig med Amors pilar med en gång. Jag var såld. Från allra första stund. Vi gick tillbaka till huset. Loppan fortsatte att dansa lyckligt bredvid mig. I energi var hon ungefär som ett litet barn som ska göra en dansuppvisning. "Här, kolla på mig, titta vad fin jag är! Titta vad jag kan! Kan jag få visa dig nu? Kommer du hit och tittar?" Hennes ivriga, glada uppsåt fick mig på fall. Hennes värme och godhet. Jag tycker att det brukar gå att känna igen snälla själar när man träffar dem. Det är något som är odefinierat inom dem som strålar fram. Något änglalikt. Och så var hon. Snäll, det gick också att se med en gång. En oskuldsfullhet sprungen från den renaste blomma. Det bor inget ont uppsåt i en vacker hundsjäl.

Kvinnan tittade på mig och jag minns dessa ord tydligt *"hon vet"*. Det vill säga "hon vet att det är dig hon ska bo hos". Och jag tror hon hade rätt. För Loppan släppte mig inte med blicken. Vi var redan varandras. Och på något märkligt sätt så satt vi ihop redan ifrån början.

Jag följde med in i huset för att se på valpar eftersom kvinnan vars namn jag inte minns hade hunduppfödning och Loppan gick med. Jag slängde en kort blick på de små liven men hade fokus på Loppan. Blicken hos henne var lite orolig, som "blir det inte du och jag?" och jag kunde nästan tolka en sekunds lättnad i blicken när jag vände bort från valparna och vi gick ut mot bilen. Jag och Loppans ägare pratade kort. Jag fick veta att Loppan var känslig mot mjöl vilket jag också kunde förstå när jag såg eksemen under hennes hängande öron. "Jag kunde inte låta bli, jag gav henne lite pannkakor" sade kvinnan skamset. Det var för svårt att låta bli, och vem kan klandra henne? Efter en tur till veterinären var det löst. För övrigt beskrev hennes tidigare ägare att Loppan var klok och inte så miljötränad. Och hon hade ett stort behov av att röra sig för att må bra, så var det.

Jag öppnade bakluckan till bilen och Loppan hoppade in i bilen utan något som helst motstånd, utan någon betänketid. Jag minns när jag satte mig i bilen och tittade bak mot henne att min intention var att ta upp kameran och ta en bild. Men jag kände hur den tidigare ägaren tittade på mig när jag var på väg att backa ut. Det hade sett fånigt ut. Så jag tog en inre mental bild i stället. Döpt till "Min alldeles egna hund, på den allra första turen hem".

Så var hon min hund. Min stora hundkärlek i livet, beskyddare, vän, och väldigt lik ett barn. Allt i ett. En lurvig hund med de allra snällaste ögonen. Jag körde med en gång till barnens skola för att överraska dem. Deras lycka! Hände det verkligen på riktigt att vi fick en hund till familjen?

Loppan dansade lika lyckligt när jag hämtade dem som när vi kom hem. Det var som om vi haft henne hela hennes liv, att hon bara hade varit iväg en kort sväng och nu glatt kommit hem igen.

Jag minns inte hur det var sagt, men hon sov snabbt i vår säng till katternas stora besvikelse. Första natten låg hon dock i hallen och skällde på varje liten rörelse utanför. Efteråt märkte jag att jag hade glömt att stänga ytterdörren och att stackars Loppan hade fullt upp med att vakta. Jag hade aldrig glömt att stänga dörren innan.

Jag undrar vad hon tänkte när hon först kom till oss, Loppan. Alla tvåbeningar som så gärna drog i henne och ville ha med henne överallt. All denna iver. Barnen som ville kasta boll och leka på ängen utanför med henne. Jag som helst ville ha med henne precis överallt. Våndades varje sekund hon inte var med mig. Det var så mycket roligare med henne. Livet fick mer färger. Det tog inte mer än några dagar innan jag ringde den tidigare ägaren. "Vi behåller henne" sade jag. "Du är kär" sade hon. Och visst var det så.

Så började det nya hundlivet. Livet där man ständigt pusslar för att få till en vardag med en hund. Det var en omställning. Till en början minns jag att jag upplevde det lite skakigt, omvälvande. Jag hade satt en hög standard, men också en bra standard tycker jag. Ibland åkte jag fyra mil tur och retur för att komma hem och rasta henne. Detta innan jag bytte jobb för att slippa det där långa åkandet. Jag angav det till och med som ett skäl när jag slutade. Måste ha ett jobb som passar min hund bättre. Andra dagar arbetade jag hemma och de allra flesta dagarna efter tid arbetade min man hemma. Dagarna där jag kände tristessen som värkte inifrån och ut var på väg bort. Och jag tog hennes motionsbehov på största allvar. Första året snittade vi 8 km per dag. Det är nästan märkligt att det går att få ihop det, men det är inte speciellt svårt. Det är snabbt jobbat om du tar en lång tur på kvällen förenat med flera kortare turer under dagen. Det var skillnad. Innan hade jag knappt rört mig eftersom jag lade den allra mesta av tiden på jobb när jag inte ägnade mig åt min familj. Hon bröt det där för mig. Jag brukade säga att jag var tvungen att ha en hund för hälsans skull. Någon annan hade behovet och då var det lätt att gå, jag var tvungen. Men sanningen var också den att jag var betydligt tryggare med en hund vid min sida. Plötsligt kunde jag gå, kvällsturer eller turer i skogen, obehindrat utan rädsla. Det hände något stort inom mig. Att aldrig vara rädd ute i mörkret. Vad ska hända liksom? Hon hade hörts många kilometer bort och inte hade någon kommit undan. Livet liksom växte, livet och sinnligheten. I mörker, rusk och sol, året om.

Loppan var otroligt tillgiven och visade mig all den kärlek som det nästan inte går att få från en annan själ. En dag hade jag mamma hemma eftersom hon skulle passa Loppan medan jag jobbade. Mamma försökte sig på en promenad med henne, men Loppan satte sig efter en kort bit på rumpan och vägrade att gå framåt. Hennes blick vägrade möta mammas. Det spelade ingen roll hur mamma lockade.

"Jag sitter där jag sitter" sade Loppan. "Det finns inte en jävel som kan ändra på det ifall inte min mamma kommer hit".

Stackars killarna råkade också ut för detsamma. De fick fylla fickorna med mycket godis den första tiden. Snälla lilla Loppan kan du inte följa med oss på en liten promenad?

En annan gång passade min ena bror Loppan, och den gången hade det kunnat sluta illa. Jag brukade under den tiden smörja in mig med kokosolja från topp till tå. Den där burken stod framme. En glasburk med metallock. Loppan lyckades bryta upp locket med hjälp av sina tänder och sedan äta upp innehållet. Jag vet inte varför hon gjorde så men det var väl en stress inom henne när jag inte var nära. Veterinären sade att det var tur att hon åt just olja, de små glas partiklarna som hade lossnat från glasburken skadade inte då de blandade sig med en tjock olja som smörjde upp hela systemet. Vi höll koll på henne och gav henne sparris som tydligen också skulle vara bra vid sådana tillfällen. Hon skadades inte, utan hade den gången tur. Hon var väldigt envis. Och matglad. Kunde inte låta bli att ta saker som stod framme. Hon kastade i sig maten osorterat och utan betänketid precis på det där sättet man pratar om att labradorer så ohämmat gör. Ingen känsla vare sig för gott och oaptitligt eller lämpligt och olämpligt.

En annan, för henne mer plågsam, sida hon hade för en tid var att hon var rädd för män. Det är inte en så bra kombination med fyra killar i familjen. Hon morrade och skällde ofta osäkert. Ibland räckte det med att de hade varit ute en kort stund och kom tillbaka in. Så stod de där "Men Loppan, det är ju jag". En impuls att gå framåt och en annan att stanna, så svårt det var för henne. När de pratade en stund så lugnade hon sig. Det tog dessvärre tid för dem att få en djupare relation med henne.

En gång efter att en granne till oss vid upprepade tillfällen visat hur snäll han var, trots utskällningar från Loppan, ställde hon sig på bakbenen på det allra mjukaste sättet och såg in i hans ögon. Hon stod alldeles stilla med hans kropp som stöd. Det var som att hon verkligen såg rakt in i honom och ville tacka honom. Väldigt mjukt fick han en puss på kinden. "Det här är en väldigt fin hund" sade han. Och visst hade han rätt.

Min hundfilosofi började växa fram tydligare och en del provocerades av den. Det verkade som att många tyckte att det skulle ingå att man konstant skällde på sin hund eller gav den direktiv. Direktiv som "sitt där", "gör det, "gå dit" och så vidare. Ibland och kanske till och med ofta hävdar människor att det är för hundens bästa. Det är något vi människor vet. Hundar blir så trygga av regler och att veta vilka förväntningar som finns på dem. Kan så vara, men detta kan dras till absurdum. Jag tycker inte att hundar som ständigt ska tyglas ser speciellt lyckliga ut. De ser mest ledsna ut när de inte får lov att vara med. När de ligger i ett hörn och inte säger ett pip. Men det är min åsikt.

Jag trivdes aldrig med det förhållningssättet. Jag kände mig som en diktator. Visst förstod jag att jag skulle bestämma men då behövde jag ju inte bestämma allt, hela tiden? Hon skällde när det kom folk, men jag ansåg det vara svårt att fostra bort om hon skulle vara en vakthund. Det var också svårt eftersom hon skällde av osäkerhet. Det var liksom lättare att försöka lugna henne och visa att hon inte behövde vara osäker. Jag ansåg det också svårt att fostra bort tiggande ifall vi skulle fortsätta ge henne rester efter nästan varje måltid. Den ekvationen gick inte helt ihop.

Min övertygelse är att vi behöver ha en annan ingång kring vilken relation vi vill ha med våra djur. Vi behöver i ett första steg fundera kring hur vi kan stärka relationen. Hur stärker vi tryggheten? Hur kommunicerar vi? Den där ögonkontakten som så ofta kommunicerade mellan oss. Blicken som blev längre och mer frekvent med tiden. Hon sökte den alltid. Min blick. Som Emil och Alfred, "du och jag

Alfred". Såg mig och liksom log på sitt sätt. Ibland kunde jag se att hon var lycklig, ibland osäker. Ibland kunde jag läsa hennes tanke på bus innan det uppstod. Vi läste varandra som öppna böcker. Vi var nog lika inkännande på varandra, både hon och jag. Som om vi satt ihop. Om jag återupprepat och metodiskt hade bestraffat henne till lydnad, hur hade vi då kunnat bygga den fina relationen? Hade jag då känt denna ovillkorliga kärlek? Hade hon? Nej, jag tror inte det.

Sedan hade hon ibland lite svårt att tänka till. Jag vet att den tidigare ägaren sade att hon behövde använda hjärnan mycket, att hon var en sådan hund. Jag upplevde aldrig det. Jag köpte köttbullar och vek in i toapappersrullar. Sådana där tips jag läst om som man kunde göra för att aktivera sin hund. Det var meningen att hunden med nos och tass skulle lyckas öppna dessa små paket. Loppan började tugga på hela toarullen. Jag försökte lägga köttbullar under ett av två glas och låta henne välja var köttbullen var. Loppan lade sig olyckligt ner, suckade och tittade uppgivet på glasen. Hon fick äta upp köttbullarna ändå. I skogen när jag kastade ut köttbullar nära oss och försökte få henne att nosa sig till dem lyckades hon ibland, av misstag, hitta någon köttbulle. Vad glad hon blev då. Men någon vidare sökhund blev hon aldrig. Jag lade ner det där att gå en kurs i att söka kantareller.

Apropå köttbullar: det var det bästa hon visste. Vi köpte storpack och första året fick hon förmodligen ett tiotal varje dag. Det var ett ganska effektivt verktyg då hon skulle lära sig kommandon som "stanna" och "kom hit". "Kom hit" var dock lite flytande, lite sisådär, det vill säga det betydde i hennes värld ungefär "kom hit om du inte har något bättre för dig". Loppan stack iväg ungefär 1/10 gånger. Hon var dock inte så långt bort och eftersom hon var rädd för våra kaniner var jag inte så rädd att hon skulle göra något dumt, som att äta upp någon stackars vildhare. Nej. Snarare var risken stor att hon åt sig mätt på hästgödsel som finns här hemma lite här och var. Eller grannens mat som de lade ut till rådjuren. Det hände nämligen. Kom hon inte så hade hon fastnat någonstans på vägen med huvudet i backen.

Hon var verkligen snäll, Loppan. En gång när min mamma, efter en lång tid av relationsbyggande och lockande, var ute med henne i skogen och Loppan gick lös kom en av våra grannar med sin hund och Loppan vägrade återigen att gå med mamma. Hon ställde sig alldeles stilla och stod och spejade på ekipaget. Mannen såg att det var en hund lös och han ropade till henne "Är det Loppan?". "Ja det är det" sade mamma och skämdes "Men jag får henne inte att komma hit". "Äh" sade gubben "Det gör inget. Loppan är en så snäll hund".

Ja, det var ju just det hon var. En så snäll hund. Det fanns inte en tillstymmelse av ont i henne. Osäkerhet och rädsla fanns det en del, men ingen illvilja. Hon var bara genuint snäll.

Det hände något djupare med mig denna tid tror jag. Jag minns att min faster sade att min röst lät mycket gladare. Jag började prioritera min hälsa. Jag gick långa promenader. Gladdes åt små turer med bilen till platser där jag släppte henne lös. Det gjorde jag ofta. Mitt ute i skogen satte jag mig vid någon sten. I solen, i rusket. Vi var där vinden viskade hemligheter i ljuset och skymningen. Omfamnade av naturen där livet pågick. Loppan sprang runt lös, och hon skuttade mellan trädrötter, buskar och bäckar. Hon var alltid nära och kom tillbaka med samma entusiasm varje gång. Jag såg henne aldrig på dåligt humör. Ledsen, orolig, uttråkad, ja. Men aldrig på något surt humör.

Jag är så glad över hur mycket tid jag spenderade med henne. Jag är så glad över att jag vet att hon kände sig älskad in i varje del av sin kropp. Hon måste ha vetat det, hur mycket jag älskade henne. Och jag är så glad att jag var den typen av hundmamma som tänkte just så. 99 % kärlek, lite tillsägelser okej, men nittionio av hundra gånger ska det vara positivt. Det var mycket mjuka rop, mycket godis. Mycket kel i soffan. Mycket sitta i knäet. Jag tror att jag aldrig sade nej till henne när hon ville kela. Och jag kan lova att stora hundar sitter bra i knäet de med. Ingen känsla för sin storlek, men vad gör det så länge man har en kropp som orkar med några kilo gos. Ibland kastade hon sig mot oss, som för att gnugga in hela kroppen i oss. Hon hade ett läte för sig där hon nästan grymtade, och hon kunde fnysa ibland när hon var på sitt keligaste humör. Igen, igen och igen. Hennes päls var så lång i ansiktet att man fick klippa den runt hennes ögon och det resulterade i charmiga, stora lockar, ostyrigt i hela ansiktet. Allt det där ruskades runt när hon hade de där små charmutspelen. Världens mysigaste uppsyn. Det saknar jag. Otroligt mycket. Eller som när hon sista året i livet började ge små kärleksbett på min hand när jag tog tag i hullet på henne och skakade om henne. Fnysandet, svansen som viftade, lekställningen på kroppen och så tog hon sina tänder och liksom kärleksfullt smånafsade, ungefär som valpar gör.

De små fragmenten. De små fragmenten som efter tid bildar mening och sammanhang. Man måste stanna upp en liten stund för att uppleva dem. Man måste vilja och orka stänga av omvärlden en stund och närvara. Öppna ögonen. Förundras. Stanna till i världen som susar utanför. Först då blir världen sådan där vi vill vara. Först då når man den där mjuka goa känslan på riktigt, tänker jag. Genom närvaro. Sinnesnärvaro.

Och jag... jag förundrades över henne. Varje dag.

LOPPAN, MIN BESKYDDARE

Det var en osäker individ vi hade tagit hem, i alla fall till en början. Det märktes det där med brist på miljöträning. Och nog kunde det vara så. Hon hade bott på landet även där, men var sällan med kvinnan in till stan. Det blev en kontrast med en stor familj och mycket rörelse i livet.

En gång när vi satt hemma hos mamma och hennes dåvarande gubbe kom till oss på nedanvåningen skvatt Loppan till. Jag tror att det kan vara så att hon inte såg ordentligt eller att hjärnan felregistrerade. För trots att hon alldeles nyligen hade suttit i samma rum som honom var det som att en ny person kom in i huset. Loppan började skälla, först grovt och sedan gällt. Hon liksom sprang fram till mig och hoppade till mitt knä och satt sedan och morrade en stund innan vi hade övertygat henne om att det inte var farligt. Då slappnade hon av.

Denna händelse var inte helt bra för mig, som i min inre värld hade henne delvis som min trygghet. Det var också lite illavarslande då jag hade med henne i terapisamtal i mitt arbete som psykolog. Hon skulle kunna skydda samt inte visa rädsla gentemot män, vilket hon gjorde. Om hon mötte en kvinna gick det hur bra som helst. Då var hon mjuk, kärleksfull och gav all kärlek. Men när det var en man som satt i stolen kunde hon börja morra om hon tyckte han var otäck. Vid ett tillfälle då jag sade till henne att sluta lade hon sig under ett bord och blundade. Varje gång hon tittade upp på mannen hördes ett svagt morrande. Så där fortsatte hon. Det spelade ingen roll att han var av en pålitlig sort. Jag tyckte lite synd om honom, men jag tror han klarade hantera det.

Hennes beteende ledde dock så småningom till att en till hund flyttade hem till oss. En till hund ville min man absolut inte ha till en början kan tilläggas. Mer om honom (just det, jag menar hunden) längre fram.

För nu var det ju Loppan det handlade om och jag ska berätta om de där gångerna hon faktiskt skyddade mig ordentligt.

Som den gången vi var ute och gick i spåret och Loppan helt plötsligt, istället för att vara framför mig, hade hoppat bakom mig och började skälla. Det var en man som hon tyckte sprang för nära oss. Vilket han faktiskt gjorde, även om det säkert var helt oskyldigt menat. Efter det var det en ganska lång tid som jag registrerade hur ofta hon gick precis bakom mig när vi var i skogen, även då hon var lös. Jag kunde titta runt omkring mig och undra var hon tog vägen, men sedan upptäckte jag att hon var så nära bakom mig hon kunde komma. Så rörande vackert.

En annan gång när vi var på väg från ett universitetsområde med lägenheter kom en påverkad man mot oss och liksom "hej nej men HEJ". Loppan tyckte precis som jag att han var obehaglig. Jag släppte lite på kopplet och hon gick mot honom och morrade och skällde. Han tog en stor omväg runt oss och vi fortsatte att gå.

Det var väl då rädslan att hon skulle vara för rädd föra att skydda mig lade sig igen. Hon hade liksom visat vad hon gick för. "Hon skulle skydda dig med sitt liv" sade min man och säkert var det sant. Det var dock svårt att ha med henne i terapisammanhang. Och det var dessvärre viktigt för mig då jag ofta sitter ensam med de människor jag möter. De kan vara som de allra flesta, hjälpsökande människor som i grunden är snälla men alla människor är dessvärre inte snälla. Det finns de som är väldigt lättkränkta. Som fastnar i saker de tycker sägs fel. Som blir besatta. Det finns människor som har sådana svårigheter att man inte ska sitta själv med dem utan att andra finns i närheten.

Att en dag stöta på den där galenskapen igen. Att stöta på människor vars beteende är opålitligt. Att stöta på någon som kanske till och med har en sadistisk sida. Någon som är psykotisk eller påverkad. Någon som tappat greppet om verkligheten.

Rädsla från min bakgrund, men också från verkligheten i arbetet. Jag har till exempel arbetat inom slutenpsykiatrin. Det har hänt även i arbetet att jag stött på hot och galenskaper. Det är kanske så att det är en del av mänskliga processer som ibland är ovidkommande. Det finns ett ljus och det finns ett mörker, det går inte att undkomma.

Mardrömmarna har sedan länge dämpats, de försvann med terapin. Det var flera år sedan jag tog makten i drömmarna. Kämpade emot. Jag har slagits i mina drömmar. Hoppat på inkräktare och mördare. Gått från att ha blivit jagad till att besegra. Modet har växt med åren. Men inuti kan också den där lilla osäkerheten komma fram när det är mörkt. Tänk om? Och det hålet fyllde hon. Hon suddade ut "tänk om", för där blev jag skyddad. Det fanns inget tänk om.

"Tänk inte om för då finns jag och räddar dig" var det som att hela hon förmedlade. Hon skulle aldrig ha tvekat. Finns det verkligen andra varelser än hundar som kan ge så gränslöst mycket, *ovillkorlig*, kärlek? Ovillkorlig trygghet som aldrig viker från ens sida. Som alltid kan följa med och är positivt inställd till det. Det gjorde en så ofantligt stor och läkande skillnad för mig. Jag fick träna om och om igen på att gå i mörkret med tryggheten i min hand.

Jag minns faktiskt stunden jag märkte skillnaden inom mig, även om jag har svårt att placera årtal. Det var mörkt ute och stjärnorna gnistrade. Det var vinter, en riktigt kall vinter med tjock, vacker is på sjön. I den hissnande storheten var det som om naturens väsen bugade sig framför mig. Vi stod på sjön och utan att jag hade tänkt på det hade jag släppt henne lös. Det var sent, jag hade ingen laddad mobil med mig. Så plötsligt registrerade jag det. Om någon kommer nu så står jag här helt själv, hon kanske inte ens hinner att höra eller se mig. Så andades jag en stund, insåg att det var ofantligt stort att jag hade vågat släppa henne. Det var också något som släppt inom mig. Jag var fri. Fri på ett sätt jag aldrig varit förut.

Hon hjälpte mig att laga någonting. Någonting som aldrig varit helt. Hon ifrågasatte inte. Ville inte att jag skulle agera annorlunda. Hon bara var med mig och så var det löst.

Så till dig som frågar dig själv varför du sörjer en älskad fyrbent så mycket: det är för att de når igenom alla lager. Hon tittade på mig och vi möttes i samförstånd. Ni kommunicerar inte med språket. Ni fastnar inte i vad orden betyder. Ni fastnar inte i ett sviket ego. I missförstånd. Ni fastnar inte i hur saker borde vara. Saker bara helt självklart *är*. Det är självklart att ni har varandra. Att ni spenderar tid tillsammans. Att ni blir glada när ni ser varandra. Att ni skyddar varandra. Kanske till och med hela sitt liv. Vilka människor är beredda att göra det? Djur är healers. Jag är inte troende i någon religiös mening, men jag tror på någonting som ger oss mening i livet. Och för mig är det en otrolig gåva att vi får leva tillsammans med de fyrbenta. De är gudomliga varelser att visa vördnad inför. Jag tänker ofta just så. Att vi ska vara enormt tacksamma för att vi får spendera tid med en annan individ och att den dessutom kan ge oss all den där kärleken trots att vi delvis talar olika språk. Det tycker jag är otroligt. De är inte ett substitut för mänsklig kontakt, de är sina egna.

Vi hävdar att vi kan läsa hunden med alla de märkliga regler vi skapat kring vad de behöver, och hunden, den har visst lärt sig vad forskare tror är cirka 2000 ord från människan. Det tycker jag är mäktigt. Att vi får allt det från en annan varelse. Hunden har lärt sig mer om människan än vad vi tror oss veta om den. Människans storhetsvansinne och egenkärlek är skrattretande och det går att skriva en hel bok om bara det ämnet. Vi tror alltid att vi är bäst och smartast, men väldigt lite gott till världens fördel skapar vi.

Jag var tacksam för henne varje dag. Det är jag fortfarande. För att hon fanns hos mig den korta tiden hon hade på denna jord. Hon fanns just hos mig.

Jag tror också att vi hjälpte henne att växa. Det tog en tid men sedan slutade hon att morra så mycket på män. Det var många som registrerade det, men det tog sin tid. "Vad lugn hon blivit", "Vad fin hon är", "Vad trygg hon är" kunde jag höra. Och det värmde. Kanske allra mest värmde det när en av mina kusiner sagt till sin mamma att Loppan alltid tittade på mig och sökte min blick. Att vi två hade något alldeles särskilt. Det var fler som registrerade det som hände. Hon växte liksom i sig själv. Och med tiden utkristalliserades en annan sida hos henne som också tog mer plats. Loppan som började ta plats var lite mer envis. Hon kunde väldigt bestämt visa med hela kroppen när hon ville någonstans. Och när hon lekte med andra hundar kunde hon, som tidigare varit den rädda och osäkra, tydligt markera vad hon gillade och inte gillade. Om barnen ropade på henne och ville leka så kunde hon helt enkelt strunta i dem ifall hon inte var på humör.

Det hade hänt någonting och jag tyckte det var bra. Även en hund får lov att säga ja, nej och kanske. Den kan väl också få välja ibland? Den har rätt att uttrycka sina behov och bli lyssnad till. Ha behov av att vara ifred. Vilja ha gos och kärlek. Behöva gå ut akut för att uträtta behov. Våga berätta att den vill vara med och göra något utan rädsla för att man ska bli arg. Loppan kunde till exempel pipa när hon såg barnen spela fotboll eftersom att hon också ville vara med. Och det var många gånger hon faktiskt fick det hon frågade om. Hon fick bestämma vägen, hon fick vara med på det hon visade att hon ville vara med i. Hon fick plats. En hund behöver inte alltid följa dig minutiöst med ständiga krav. Det är inte det som definierar er relation. Den får också lov att sätta sig lite på tvären och att vara fullt älskad ändå, precis som den är.

NATUREN ÄR HELIG

Alla dessa färgnyanser och små frön som gror, och ut kommer den vackraste blomma eller ren mat att äta. Naturen är en magisk, helig plats som hjälper vårt inre att vila. Allt detta fina och under som skapats i denna värld. Utöver att Loppan gjorde mig trygg, så kom jag tillbaka till en plats där jag inte vågat vara innan utan att hjärtat klappade hårt av rädsla. Mitt hjärta har alltid klappat för skogen. Med vindarna och suset. Men där stelnade det till en tid och klappandet var inte det trygga.

Så när jag gick där igen och igen med henne kunde jag märka hur det där magiska kom tillbaka inom mig. Det där att vara nära träd. "Att vara hemma så länge träden finns nära" som min farmor brukade säga till mig. Att finna alltet i intet, i det lilla. Så viktigt. Starka rötter som överlever blåsten. Grenar som växer huller om buller, vindpinat och i sin egen riktning. Som växer i de allra vackraste mönstren och tillsammans med ljuset bildar träden och vinden gudomliga skådespel. Doften. Att liksom få slukas av den där trygga doften. Allt är hemma. Livsbejakande och passionerat. Tiden upphör. Ingenting annat är mer väsentligt än nuet. Klart jag ville vara där. Klart jag *vill* vara där, egentligen.

En gång slocknade min mobillampa sent på kvällen, i mörkret när vi gick där. En bit från stadens ljus är det bara stjärnorna och månen som lyser upp himmelen. Jag sade egentligen bara till henne att vi skulle gå hem och jag höll i kopplet och vi gick. Jag var förvånad över att tårarna inte rann. För ett ögonblick kunde jag till och med uppleva stunden lite spännande. Jag brukade inte trivas i mörkret. Men vi klarade det också.

Vi har också varit på magiska platser. Inte långt hemifrån vid en av de stora åkrarna där Loppan ofta sprang lös fann vi en gammal husgrund. Jag vet inte hur gammal den var men det märktes att stenarna hade funnits där i väldigt många år. Där kunde jag sätta mig ner ibland. Det var sällan någon annan människa som kom där. Det var nästan som om platsen var vår. Ofta blir man förvånad över hur få människor som befinner sig ute på alla magiska platser som finns. Det var hon och jag och senare även Dobby. Jag tog med en termos med te och jag fångade in naturens alla skiftningar och sög in varje detalj. I mörker och rusk och sol. Tiden upphörde små stunder. Det var bara vi och naturen. Där har jag gått igenom dagarna i huvudet. Rensat mig från alla listor, beslut och allt pusslande. Allt konstant pusslande i denna värld. Så värdefullt att komma bort och bara landa i sig själv. Jordas. Få finnas i sinnligheten. Bara jag, naturen och mina hundar, min trygghet.

Man kommer så nära livet i naturen. Kärnan. Och när jag tänker efter har jag alltid varit väldigt nära känslorna. Jag har sällan stått vid sidan av och känt att tiden bara gått. Jag vet inte om det har kommit sig av skärpta sinnen i kaoset och rädslan, om närheten föddes där. Det är alltid kärnan jag velat komma åt. Det som är på riktigt. Eller är det helt enkelt lättnaden över att det svåra är över? Tacksamheten inför det som är kvar?

Det blev också än tydligare under min borreliaperiod. Under en lång tid när jag verkligen trodde att jag skulle dö blev livet allt mer tydligt. Vad är det viktiga i livet? Hur vill jag leva det? Vilka livsvärden finns i mitt liv? Jag ville inte ta ett enda felsteg till.

För mig är det så tydligt. Jag vill leva. Återuppleva livets ljus om och om igen. Jag vill känna vinden mot mitt ansikte. Jag vill se solnedgången. Bada i sjön, få bada i saltvatten. Känna det där spraket som saltet gör mot huden. Få uppleva den där känslan av en eld som knastrar i en vinternatt. Få gå barfota i fuktigt gräs. Brunbrända ben och korta klänningar. Ett ständigt uteliv och varma vindar. Bråka med min man och sedan bli sams. Kyssas hungrigt och passionerat. Allt det där. Krama mina barn, få pussa dem på pannan. Skratta med mina vänner tills käken gör ont. Allt det där. Livet. Livsnerven, pulsen. Vad ska vi kalla den, innerligheten. Alltet? Få komma mot den känslan och förenas med den storheten, vad spelar livet annars för roll om du inte lever det?

Och naturen har så mycket liv att ge. Den slutar aldrig att ge. Så länge vi inte tar allt ifrån den.

Bara att få plocka blåbär i skogen, vilket alltid var en speciell upplevelse. Dobby lärde sig fort hur han kunde förse sig själv med blåbär, men Loppan stackarn fick fint vänta på min hand.

Vi var ofta och badade. Dobby, Loppans goa rufsiga vän, sprang rakt ut i vattnet och simmade fram och tillbaka till barnens stora förtjusning. Han bokstavligt kunde skrika av lycka när han såg sjön och han visste vad som var på gång. Men Loppan stod vid kanten. På sin höjd kunde hon doppa benen. Hon kikade på mig osäkert. Ska jag verkligen tycka om det här? Det var bättre och tryggare att ligga där på stranden vid mig och betrakta Dobby och ibland de andra tvåbenta som befann sig i vattnet. Jag undrar om hon inte förstod att hon kunde simma? Att hundar liksom har det i sig?

Och apropå det undrar jag hur mycket det är vi människor har i oss som vi helt enkelt bara har glömt? Jag tror det är mängder av kunskap vi har förlorat men som vi också är på väg att förlora. Det känns mer som att vi kämpar mot naturen än med den. Som om naturen är vår fiende. I denna värld skapar vi konstiga regler och för oss självklarheter som egentligen inte är sanna. Förutom just det där med hundar jag redan skrivit om finns det mängder med andra konstiga regler som vi har eller har haft. Till exempel att småbarn inte ska sova nära, småbarn ska in på förskola i tidig ålder oavsett hur det går eller hur de mår. Vi ska arbeta många fler timmar per dag än vad som är rimligt. Jaga tiden, aldrig låta den vara. Vi har också haft märkliga idéer för oss vad gäller mat. Hälsa och kärlek. Visa inte för mycket beroende och sårbarhet för då kan den du älskar försvinna. Var försiktig med att säga att du älskar först, och så vidare. Men också: känn inte för mycket. Våga inte för mycket. Det vill säga, närma dig inte innerligheten och sann kärlek, då går du för långt. Riskerar för mycket. Jag tänker att det är precis det vi bör göra... älska förbehållslöst och bottenlöst. Älska varandra hudlöst. Lägga alla korten på bordet och våga vara sårbara inför de vi möter som verkligen betyder något. Det är precis först då vi vet om kärleken kan bli på riktigt eller inte. Det är först då kärleken når kraften att vara så där häftigt explosiv, på det bra sättet. Och att läka. Så jag tycker det är väldigt märkligt att lära ut att vara avhållsam i kärlek. Denna upp- och nedvända värld. Allt ska vara begränsat och tillrättalagt. Kärleken och vardagen. Inget stök med kläder på fel plats eller kaffefläckar på bordet. Inget pågående liv som syns eller tar plats. Allt slätstruket och konstlat. Vem är det vi ska imponera på? Vem är det vi är så otroligt rädda för?

Loppan var allt annat än tillrättalagd. Det blev ofta ohyggligt smutsigt omkring oss när vi varit ute. Hennes päls var av den sort att den sög åt sig allt smuts och det lagrades i de där stackars stråna. Till min mans stora förtret lämnade hon spår efter sig överallt. Smuts och hår. Ett kvitto på liv.

Hennes hårstrån runt öronen var också väldigt speciella. Så där som bebishår brukar vara. Lena och sköra, men samtidigt raka motsatsen. Runt hennes hängande öron var det också några hårstrån som spretade ut. Jag vill så gärna minnas alla små detaljer av dofter och färger. Jag blir fullkomligt förtvivlad när jag kommer på att jag inte helt minns hur de var, de där stråna. Jag tror jag glömt bort det och fast jag letar på gamla fotografier finner jag inga bilder som har fångat dem så bra som verkligheten var.

En gång försvann hon från mig i skogen. Vi hade gått ganska långt. Hon fick lov att springa långt bort och hon sprang i stora cirklar runt mig. Hon var så lycklig. Vi gick och gick och helt plötsligt var hon borta. Ingen hund som stod i närheten med nosen i backen. Jag visste att det inte var med flit. Jag ropade, ropade igen. Paniken började hägra. Loppan skällde tillbaka på mig och jag hörde att skallet bytts ut från mörkt och brummande till gällt och litet. Den allra högsta ton i skallet hon någonsin haft. Jag kunde höra att paniken var hos henne också. Och mina tårar bara rann och rann, tänk om hon hade fastnat någonstans? Skadat sig? Jag ringde en vän som försökte trösta mig. "Loppan kan inte använda nosen så bra" sade hon och det stämde ju helt och hållet. Så några mil bort satt min vän och försökte med någon form av tankeöverföring till Loppan att hon skulle lukta sig till mig medan jag stod i skogen när mörkret började falla på. Jo det är sant, hur tokigt det än låter. Nöden har ingen lag! Och tror man inte på tankenskraft så finns det säkert andra metoder. Men detta var det mest logiska vi kunde komma på. Jag ringde också min man och han sprang ut i skogen och var överallt med sina snabba steg, helt plötsligt hade han funnit Loppan som kastat sig över honom och nästan ylat rakt ut. En smutsig Loppan med skärrad blick. Hon var dock fullkomligt överlycklig och vi med, och kanske i synnerhet jag. Den gången trodde jag att jag kanske skulle förlora henne. Jag minns att jag upprepade inom mig att jag inte kunde leva utan henne. Som om hon var mitt barn. Min lilla. Och den stora samtidigt. Ett väsen med samma naiva uppsyn som barnet. Rädslan och osäkerheten. Den oförstörda som inte vaktar på sig själv, utan låter alla känslorna tränga fram. Hon lekte som det lilla barnet. Samtidigt som hon också var modern som ville ta hand om och evigt skydda. I all denna värme kunde alla vilsna själar få sin plats. Med sin närhet krama till sömn. Även den gamla och visa. Fylld av klokhet gav hon viktiga bitar att vårda ömt.

Hon var inte bara älskad, Loppan; hon var fullkomligt älskad. Hon var så mycket för mig.

Jag tycker det är så otroligt fel att hon skulle försvinna från denna jord. Hon var inte färdig här. Vi var inte färdiga med varandra. Jag kunde inte säga hejdå. Kan inte. Vill inte. Inte ännu. Det var liksom inte meningen än.

Men livet tar och livet ger. Ni vet ju hur det är. Det finns ingen rim och reson i det. Ett liv försvinner när det gör det. Det är inte allas rätt att leva länge. Och inte alltid behöver det långa livet vara förenat med det bästa livet heller. Ett liv kan vara långt men fyllt med tomhet. Ett liv kan vara fyllt av tillfälligheter där en individ inte fått välja sin väg. Det kan vara fyllt av smärta. Trauma. Den långa tiden behöver inte korrelera med lycka. Ett långt liv innebär egentligen bara att individen kanske erbjudits fler valmöjligheter. Men det är inte alltid så att en individ väljer.

Precis som det faktiskt var för mig under en mycket lång tid. Jag fick inte välja själv. Barn väljer inte smärtan. De vuxna och omständigheterna gör det åt dem. Smärtan staplade sig på mig. Den lagrade sig. Det bildades sanningar. Rädslan skapade blockader. Jag är inte värdefull. Jag har inte makten. Orden upprepades igen och igen, det var min innersta sanning under en så lång tid. Jag kämpade mot rösten i timtals. Jag kände mig osynlig. Den lilla flickan med den sköra, tunna kroppen och det blonda håret var nog också osynlig stundtals. Osynlig i kaoset.

Sedan kom ljuset. Efter terapin. Efter år av en trygg kärleksrelation. Och slutligen, efter Loppan.

För mig betydde det också oerhört mycket att få barn. Vi var så unga när vi hade det första barnet i våra armar. Jag var 21 år och ägnade honom så ofantligt mycket tid. Läste bok efter bok med honom i knäet. Bar honom. Skyddade honom. Och på något vis var det som om jag som läste alla de där böckerna även för mig själv och mitt lilla inre barn och skyddade mig själv från det jag inte kunnat skyddas från. Alla våra barn har varit helande för mig. Jag fick skriva om historien. Den som rinner i våra vener, där omgivningen gett mig sitt arv. Fick slå mig fri från generationer av trauma. Jag har gett dem livet. Men de har också gett mig liv. De har alla hjälpt mig att läka mitt inre barn samtidigt som jag har försökt att ge dem en så god uppväxt som möjligt. Barndomen kan vara en magisk plats där inga faror lurar.

Livet kom den dagen jag ville leva och inte bara överleva.

DOBBY

Jag måste skriva några rader om Dobby också; vår hund som är kvar. Mitt älskade lilla varghjärta, så fin. Han kom till oss genom en förening och är en herrelös hund från Ryssland. Då hade vi redan haft Loppan ett par år. Jag hade kammat hela nätet på hundar och upplevde det omöjligt att finna just den där hunden med rätt energi som skulle få komma hit. Sedan är det så märkligt i livet, tycker jag. Man ser en bild, en text och känner med en gång ifall det är rätt. Det är som att energierna bara drar en åt rätt håll. Och det var verkligen rätt. En stor, varglik grå och gulbeige hund med brun, intensiv blick.

Jag skrev till föreningen och de valde oss bland fem familjer. De tyckte att det kunde passa honom att arbeta som terapihund. Och de hade rätt i det. Han har tyckt att det varit otroligt roligt och han är väldigt ivrig när han vet att det är på gång.

Framme vid parkeringen, där Dobby stod tillsammans med en massa andra hundar som väntade på nya hem, hördes en hund lång väg med det mörkaste, bullrigaste skallet. Jag skrattade och sade till min man något i stil med "tänk om det är vår hund som låter så". Det är klart att det var han. Han var förmodligen också den starkaste hunden. "Very strong boy" sade kvinnan som räckte över honom till mig. Jag blev omkulldragen med en gång av vårt muskelknippe till hund. Min man fick ta över och det såg ut ungefär som att Dobby böjde ner hela bakkroppen och tog all kraft i frambenen. Han tog sats för allt han hade, liksom kämpade sig fram. Hans främsta uppgift var att dra oss i kopplet vi höll i. Jag har aldrig hållit en så stark varelse i mina händer. Av den anledningen var det lite svårt när vi skulle gå med honom. Det kändes som om mina armar skulle gå av. Att musklerna skulle få förslitningsskador. I djuraffären blev jag rekommenderad antidragselar. "Då ska du prova denna" sade kvinnan i affären första gången och det återupprepade sig med nästa sele som också skulle vara otroligt bra. Två stycken hade han sönder inom loppet av någon vecka. De slets sönder när han drog. Men efter en tid fungerade det att gå med honom, fast jag aldrig trodde att det skulle vara möjligt.Dobby spelade ut det mesta: kissade inne, sprang och nästan attackerade barnen när de skulle äta. Jag fick frågan från flera i vår närhet "vill ni inte bara ge upp?" Nej, fan heller. Inte ger man upp när man åtagit sig att bära ansvar över ett liv. Man klamrar sig fast och försöker och försöker igen. Det skulle bli bra. Med en dåres tålamod går det att ta sig långt.

Och han gav sig ganska fort. Det var inte svårt att visa honom vilka gränser vi hade. Jag visade tydligt med kroppen att han inte fick springa mot någon för att stjäla mat. Vi tog envist ut honom så att han skulle sluta kissa inne. Som en liten valp. Nu är han den mest stabila hund man kan tänka sig. Totalt trygg. Finns inte en tillstymmelse till ont i honom. Samtidigt som han också är den bästa skyddshund det går att tänka sig. Gällande honom finns det inga tvivel om att han skulle flyga upp, rakt mot strupen, om så behövdes. Hans vaksamhet gör mig också trygg. Han är snäll och utgår från det bästa, men det finns en automatisk vaksamhet inom honom. Har ni någon gång sett en film på en polishund som hinner agera innan sin människa? Det är så jag tänker att Dobby skulle göra. Han är inte vek för auktoritära personer och blir sällan skrämd. Jag skulle säga att andra människor och djur inte skrämmer honom alls och det gör mig trygg.

Loppan tyckte om Dobby men mest som om han var en lite jobbig lillbrorsa, och det var väl ungefär så han betedde sig. Han kunde springa rakt emot henne och försöka få med henne i lek. Det var hon inte så förtjust i. Han skällde otrevligt. Lite kaxigt. Lite så där som om han inte riktigt visste hur han skulle bete sig. Men ändå hade de en bra relation. Det var som att hon hade överseende. Okej då, låt hållas. Och de få gångerna de hade hundvakt såg man på samtliga bilder Loppan och Dobby liggande alldeles inpå varandra. Som om det var de mot världen, tillsammans. Trygga som de inte hade varit om de lämnats bort.

Dobby har nu börjat att ge mer kärlek än innan. Han ligger ofta hos mig eller hos oss i soffan på kvällarna. Ibland pussar han mig på kinden upprepade gånger. Tittar på mig däremellan, ungefär som om han inväntar min respons. Han sträcker fram sin tass och ibland kan han sitta med tassen i våra händer och titta på oss med en varm blick. Han verkar älska sin familj mest i hela världen. Det finns ingenting han inte skulle göra för oss. För Loppan var det jag som var centrum, för Dobby är det hela familjen och det gör det hela enklare. Och roligare för resten av familjen.

Han har ett stort behov av att springa och med anledning av det får man ibland ta ett par långturer med cykeln så han får rasta av sig. Han behöver springa några mil i veckan. Min man är glad för sin träningskompanjon och tillsammans tar de fyra-fem mil i veckan. Som ni hör går det ingen nöd på vår kära motionsälskande hund. Han verkar älska rörelse till extrem grad och är alltid redo för nya äventyr. Som tur är har vi också en stor trädgård där det är skönt att sträcka ut kroppen. Först var den inhägnad och sedan skadade en rejäl storm staketet. Till en början kunde han inte vara lös där alls men nu går det bra. Därifrån sticker han inte.

Det verkar som att hundar som får utsättas för diverse frestelser, följa med på olika aktiviteter, blir enklare att ha att göra med. Mer pålitliga. För Dobbys del verkar graden av lydighet vara en måttstock på hur mycket motion och stimulans han har fått. Sedan händer det såklart saker med tiden, det sker en mognad. Och nu har vi äntligen fått lyxen att uppleva att det har blivit lite enklare, han är enklare att hantera och kan nu hänga med till de flesta ställena. Men jag kan inte släppa honom på en åker där det finns andra djur omkring. Då skulle han kunna strunta tvärt i att jag ropar. Som en liten pojke som är tagen av sitt äventyr och onåbar. Han har mycket jakt i sig. Precis som han skriker när han ser sjön och vill bada så skriker han när han ser ett rådjur. Han kan tala sitt tydliga språk, det är tydligt vad han menar. Om man beskriver att Loppan var rädd för harar och man kunde tänka att det var väldigt osannolikt att hon skulle ha ihjäl ett litet kid, kan man istället tänka att det är väldigt sannolikt att Dobby skulle kunna ha det.

Men trots det är han en riktig mjukis. Han är alltid snäll med barn. Han är väldigt snäll och försiktig med vår katt. Man ser ibland att han så gärna skulle vilja vara go emot honom, men det skulle inte uppskattas av Baloo. Så han är på behörigt avstånd. Inväntar så försiktigt trots att han vill.

På kvällen när vi går och lägger oss väntar han med spetsiga öron på slutkommandot "lägga oss" och han springer upp för trappan samtidigt som den böjda svansen viftar fram och tillbaka. Väl framme i sängen brukar han ta ett klumpigt hopp till sin plats, vid sidan av mig. Där lägger han sig ganska långt ner och när vi krupit ner under täcket kommer han krypande upp med de där hundpussarna i sikte. Jag brukar stryka honom över huvudet. Han älskar mjuk massage över pannan, då blundar han. Kanske beror det på hans enormt kraftfulla kropp som det är någonting så rörande över just detta. Styrkan som också är så mjuk.

Han är otroligt älskad för den han är, men han kommer aldrig kunna ersätta Loppan. De är två olika individer helt enkelt. Och det magiska är väl att hjärtat har plats för fler.

ATT LEVA SITT AUTENTISKA LIV

Att göra valet att ha en hund tillhörde mitt autentiska liv. Det kändes så starkt inom mig att jag var beredd att ta striden för det. När det gäller sånt som verkligen är viktigt tänker jag att det är så man får göra.

Men att ha ett autentiskt liv innefattar så mycket mer. Varför ska det vara så svårt att veta om man är på rätt väg? För mig har det varit så otroligt viktigt. Det kändes som att en stor del av barndomen just gick förlorad, först i allt trassel och sedan i all smärta. Jag ville inte stanna i det. Ville framåt. Sedan blev planeringen av livet otroligt viktig, att få greppa framtiden. Det där att känna att jag har kontrollen över vad som sker i mitt liv och på vilken väg jag är. Det finns mycket som jag inte kan påverka. Men det finns också en del som är min att göra något med. I takt med ålder ges mer utrymme till den delen.

En gång drömde jag att jag såg mig själv komma ridande i galopp, barbacka på en stor häst. Jag ropade till mig själv "jag är så avundsjuk på dig!" och jag som red slängde en blick över axeln och ropade "och jag är avundsjuk på dig". Just så har det känts. Som om lyxen att välja är så stor att det kan bli lätt att inte veta vad jag vill egentligen. Vill jag ha mer kontor, mindre kontor, fler människor, mer patientkontakt, mindre av det... aldrig har det stannat av. Det har ständigt varit i rörelse. Mina nyårsaftnar har varit årets favorithögtid för mig och lika fånigt varje år har jag stått med en lång lista med önskningar, löften och val... jag älskar att drömma. Jag tror att det är nyckeln till att lyckas göra val medvetet och att manifestera dem. Min man blir ibland mycket uppstressad av det upplägget men jag har svårt att lägga band på mig när det är bland det bästa jag vet. Jag kan verkligen njuta av att planera saker nästintill lika mycket som själva genomförandet. Till vilket land vill vi åka? Vad vill vi göra där? Finns det några upplevelser vi inte vill missa? Finns det någon mat att testa där? Eller ska vi helt enkelt resa till kusten i stället och ta långresan nästa år? Vad skulle vi då kunna göra? Medan min man ser pengarna flyga iväg upplever jag trygghet för att jag innan har skapat oss en bild av vad kalaset kan kosta samt också fått en bild av vad som verkligen är värt något. Jag kan prata om förändringar jag skulle vilja göra i huset eller investeringar år innan det blir aktuellt. Utbildningar jag vill gå, eller kanske vill gå. Alternativa yrken. Företag att starta. Kontraster och liv, opretentiöst och prestigefyllt, allt får plats. Jag ser det som tid att drömma, att leva. Min man är fortfarande efter 23 år rädd att jag ska genomföra alla drömmar och planer och uttrycker ibland förtvivlat "men vi skulle ju hitåt, vad gör du där?" Kompassen är solid, men den är snabb och jag trivs så. Jag hoppas min man med tiden lär sig att göra det också, något lugnare han har dock blivit. En gång sade han till mig att han lärt sig nu, att det bara är att hänga med så blir allt bra i slutänden. Han har dock inte helt införlivat det i sitt känsloliv ännu.

"Står du aldrig stilla?" har någon frågat mig. "Du gör för mycket". Jag har egentligen inte riktigt förstått vad det ska vara som är så väldigt mycket. "Du är i så många processer" har jag fått till svar. Jag kan stundtals nästan skämmas över allt som pågår. Något projekt med någon eventuell utställning där, texter som ligger i lådan. Planer gällande mitt företag och drömmar. Ibland har jag dock lusten att svara "står du alltid stilla?". Det har liksom varit den mest otäcka känslan jag vetat om. Stagnerad. Slut på liv. Hej Svenssons och död åt livet som flödar genom ådrorna. Det är inte min melodi alls. Det är en otrolig lyx att leva med valmöjligheter, det vet jag. Det är inte alla förunnat. Men mig är det förunnat nu, och så länge det är det kommer jag fortsätta. Livet som pågår, utanpå och inuti. Framåt. Det får vingla, slingra, växa och levas. Karameller, dunder och brak så länge resan pågår.

Och vad som har varit bland det viktigaste för mig är att ägna mig åt kreativitet. Håret slarvigt uppsatt med en pensel. Tavlor i mörker och tavlor i ljus. Sådant som är lekfullt, glatt och intetsägande och andra bilder som vittnar om mörker. Krokigt och rakt, jag blandar hej vilt. Ibland är det oljefärger huller om buller i köket och andra stunder är det en torrpastellpenna i min hand. Ofta hamnar jag i timmar i flow. De kommer i stunder, begräsningarna av tiden upphör. Jag genomgår alla de känslor som hör till. En kort liten stund blir tavlan min vän och jag håller den ömt. Sedan kommer som oftast det gnagande tvivlet. Duger inte, är inte bra. Räcker inte till. Ibland är jag ilsken och arg när jag kommer till detta stadie. Ibland överarbetar jag efter detta och det blir fel. Andra gånger släpper jag känslan fortare och lyckas parera den. Pratar lugnande med mig själv och de kritiska rösterna som ekar inuti. Det är okej, den behöver inte vara perfekt. Ingen behöver gilla den. Det där spelar ingen roll om tavlan till slut lyckas bära ett stycke själsliv. Det är som en direktlänk till det inre. Och hela processen är magisk. Vaken mitt i natten med landet, stjärnstoff och med drömmarna. Det bubblar och bränns. Det är så utvecklande och roligt. Levande inuti. Att få ha penseln i sin hand är en ynnest.

Vänner är viktiga. Jag värdesätter dem än mer med tiden, de är dyrbara och inte alltid lätta att finna. Sörjer de relationer som klippts efter vägen. Efter missförstånd som blivit. Känslor som inte sagts i klarspråk. Kanske även gränser som behövde ta plats. Det är några få, men jag kan sörja det som inte blev. Med våra olika vinklar. Samt jag kan glädjas åt det som var. Men kan också glädjas åt det som är. Samförstånd och systerskap, ingenting så viktigt. Den lojaliteten ger inte vika. Det är stunder som ger energi åt det oändliga och ger så mycket glädje. Den bästa vänskapen har dofter av det förflutna, nuet och framtiden. Ni kan minnas och prata om det som var och har tiden tillsammans i framtiden. Finns för varandra. Hon håller din hand och vill aldrig sänka dig. Ni lyfter varandra.

Alla djupa relationer är viktiga. Jag är tacksam för varje stund jag får. Med alla.

När jag var yngre var jag rädd för att dö, nu är jag rädd för att inte leva. Det är som att jag håller varje droppe liv i min hand och att jag har insett hur dyrbara dropparna är. Jag har inte råd att låta dem förloras. Att tappa fler. Det finns ingenting som kan komma mellan det. Jag orkar inte vara rädd längre.

Livet är det mest dyrbara vi har, så ge aldrig bort det till något som saknar betydelse. Finns det något jag vill förmedla som allra mest till mina barn är det just det. Vi kan göra uppoffringar till något större och viktigare för en tid, men helheten måste ändå vara i linje med det vi vill. Annars förtvinar vi, tror jag. Finns det någon skyldighet i livet som jag tycker att jag har, förutom att vara snäll mot mina medmänniskor och försöka göra gott, så är det just detta: att försöka leva. Det är så många som inte har den chansen. Vi får leva för alla. Även för de som har ont just nu. Smärtan blir inte mindre för att det är mer smärta på jorden. De mår inte bättre av att vi mår dåligt. Vi kan bara försöka att sprida kärlek, vilket vi bara kan göra ifall vi mår bra. Så vi kan ge det vi kan, göra det vi kan. Så enkelt är det. Sedan innebär livet *alla* känslor, vilket är i sin ordning. Det gör inte att vi lever mindre, men vi ska inte känna skuld och hålla oss tillbaka.

Så jag tror verkligen detta. Styr inte dit det är enklast, försök att lyssna på vad hjärtat vill och styr ditåt. Ibland är det svårt att veta kanske. Men vi behöver inte alltid ha den klara vägen framför oss. Det fina är att vi får lov att välja om och om igen. Vi får ändra oss. Det är inte beständigt. Livet är i rörelse. Och det är just det som är meningen. Inga löften kan ges. Vi vet bara nuet.

Att lära sig att *leva* sitt liv, andas sitt liv och att förstå alla bottnar i det. Att bejaka livet. Så viktigt. Det är det jag vill göra här, min lilla tid på jorden. Tiden är dyrbar.

KROPPEN OCH SJÄLEN ÄR HELIG

Min mamma har en gång sagt att hon älskar sin kropp för att hennes själ bor i den och jag tycker det begreppet är så talande vackert och klokt. Själv gjorde jag motsatsen till det som jag borde ha gjort för att ta hand om min kropp en bra tid innan Loppan kom. Ni kanske minns att jag skrev om att jag plötsligt gick nästan en mil om dagen när Loppan flyttat hem till oss? Och att jag inte prioriterade mig själv innan dess? Det är dessvärre så att den där neuroborrelian gjorde sitt med min kropp. Jag orkade inte längre att röra mig när det inträffade. Jag blev så trött, så trött efter några få steg. Jag tvingades sova stora delar av tiden vilket var en otroligt hemsk upplevelse. Ni kan tänka er, att ha en enorm rädsla inom sig när kroppen är i kaos. Jag hade domningar dygnet runt, kroppen smärtade. Jag rasade i vikt. Samtidigt var jag tvungen att sova och jag bara sov och sov. Det var en otroligt ensam tid eftersom jag inte alltid orkade nå ut med min smärta. I min vuxna tid det värsta som hänt. Efter den upplevelsen var jag inte så inspirerad att röra mig. Eller rättare sagt: jag kunde knappt röra mig eftersom det även efter behandling resulterade i att jag fick enorma domningar och blev trött när jag var fysiskt aktiv. Kroppen var med andra ord inte läkt, trots att den var behandlad. Jag kunde inte längre springa eller gå raskt, och jag blev sittande mer och mer. Hade jag provat hade jag förmodligen kunnat utmana kroppen tidigare. Men jag hade annat för mig.

Jag har också varit den som dragit in mest pengar i hushållet, vilket aldrig haft med en materiell önskan att göra. Jag har bara velat bort från fattigdom. För den där fattigdomen som präglade stora delar av min barndom var inte alltid rolig. Det fanns stunder när jag saknade viktiga saker som jag behövde. Maten tog nästan slut. Det hände flera gånger att jag inte kunde åka med och göra saker eftersom pengarna inte fanns. Det fanns stunder jag hörde mamma gråta av oro. Det vändes och vreds. Räknades kronor och ören, värdefulla påhittade ting. Jag vill inte dit. Pengar är inte allt, men de bidrar definitivt med mycket trygghet. Och har du inte pengarna och inte kan äta eller bo så är pengarna en del av allt. Bristen på pengar är, i alla fall i min värld, otrygghet.

Så jag har jobbat mycket, och ibland för mycket. Speciellt tidigare innan jag blev egenföretagare. Suttit stilla mycket. Brytt mig för lite om mig själv, prioriterat mig själv för lite. Fått bra med pengar när jag arbetat övertid. Chefer har kallat mig ambitiös och produktiv. Det var mer än en kollega som sade till mig att jag förmodligen var den som var mest belastad av jobb av oss alla. Och inte fick jag mycket för det, men jag gjorde mig själv illa. Så där höll det på. För länge. Självrespekten var låg. Att ta hand om min kropp så dåligt kändes inte bra.

Tills Loppan kom och det inte längre var möjligt. Har du hund kan du inte jobba på gränsen till mer än heltid. Om ingen annan tar hand om hunden då förstås. Jag berättade förut om hur jag plötsligt hade gått långt varje dag när Loppan kom in i mitt liv, innan dess gick jag knappt alls.

Sanningen är den att jag upptäckte när jag såg min mobil med stegräknare att innan hon kom hade jag gått en och en halv kilometer per dag. Min kropp var verkligen försummad. Kilona hade letat sig på och jag kände knappt igen mig i spegeln. En kortisolstinnad, putande mage. Ömmande leder. Vader som värkte och var svullna. Spända käkar och ett trött ansikte. Samt ett lätt förhöjt blodtryck. Ett liv som var dränerande och fysiskt utmattande, ett icke-liv. Kropp och själ i total obalans. Alla dessa symptom på försummelse en kropp kan ha. Så långt ifrån mig jag ville komma.

Det var en skymf mot tjejen som innan borrelian kunde springa spåret i skogen och som i alla fall hade en vilja att vara aktiv. Ett svettigt pass på crosstrainern. Var hade hon tagit vägen? Var hade jag mig själv? Och vad gjorde jag med mitt liv egentligen? Vart var jag på väg? Det ekade något inom mig, i den kropp jag inte lyssnade till. Jag tror det var självprioriteringen jag trampat över. Den fanns inte. Jag behandlade min kropp som en dörrmatta med lägsta prioritet. En ruggig, sliten jutematta som jag trampade över gång efter gång. Att slå knut på sig själv är lätt att göra, men det är svårare att bli fri knuten. Vardagen tog för stor plats ihop med alla måsten, de tog aldrig slut. Jag var så snärjd jag kunde bli. Och det hemska var att jag inte brydde mig så mycket om det. Vad spelade det för roll vad jag förlorade om det bara handlade om mig? Kanske var det också en känsla av någonting annat. En sorg. Depressiva inslag. Tomhet.

Det var ofta jag upplevde just den tomheten. Trots familjen och de allra finaste barnen. Kvällarna när barnen lagt sig var så tomma. Det kändes som att jag nästan kved inuti. Ville inte vara med. Lusten tryckte där inne någonstans men fick inte komma fram. Till mitt försvar sker det en viss obalans i ett hem när någon trivs med att se på tv på kvällarna och den andra tycker att just tv:n är den stora tråkdöden. Tv och skärmar äter upp liv, tycker jag. Kan ni gissa vem som tyckte att tv:n var tråkdöden? Det bara pulserade inuti med en massa rörelse och liv som förgicks, gick till spillo. Utloppet för mig var för snävt, det blev bara måsten kvar i livet.

Det kändes som om mina behov hamnade allra längt ner på listan och jag insåg någonstans att jag var tvungen att ändra det för att må bättre. Jag började ifrågasätta mina tankar. Kanske var det jag som skulle prioritera mina behov mer? Uttrycka dem tydligare? Säga både ja, nej och stopp? För att livet skulle bli meningsfullt på många plan. Det är så viktigt. Det går inte bara att vara sin yrkesroll, partner och mamma på heltid dygnet runt, året runt. Du måste också göra saker för din egen skull.

Där fyllde Loppan ett tomrum som fanns där innan. Hon blev den jag skyllde på för att ta hand om hälsan. Att få fly undan bestyr en stund. Hämta, lämna, diska, laga mat. Det eviga ekorrhjulet som både kan vara en välsignelse och ett fängelse. Vardagen går ibland bara runt. Vad är det man säger? Ifall livet ger dig citroner, gör lemonad. Små citroner gula och försöken att finna de där små undren. Tiden var dock för kort.

Loppan hjälpte mig i detta och som ni redan vet blev hon så mycket mer. Jag vet inte hur många gånger jag tog med henne till mina vänner också. En vän till mig skaffade ett par hundskålar till Loppan, så att hon hade sina egna när hon kom. Just den vännen visade Loppan så mycket kärlek. Alltid med den mjukaste rösten "Loppan! Kommer du?!" precis som om jag stod i hallen med vårt yngsta lilla flickebarn och hon skulle ägna fokus till att verkligen göra så att hon kände sig sedd. När Loppan kom dit var det en återkommande ritual att springa ut i köket och sedan fort ut i vardagsrummet för att sedan komma tillbaka. Det dansade flickebarnet fick ge sin uppvisning inför applåderande publik. En annan vän var ofta med ut på långpromenader, vi lufsade på oss underställ och när kylan bet lämnade den våra kinder rosenröda. Stopp efter vägen och te i termos. Mina bröder också, vi har vandrat i ett absurdum, såväl sena kvällar som dag. Hur många mil har vi inte tillsammans?

En gång när jag och ena brorsan en het sommardag skulle ta oss runt ett milspår i bergen råkade vi gå det dubbla. Det blev två mil, istället för en. Vi undrade efter en tid hur det kunde kännas så långt. Svetten lackade. Stora mängder vatten hade vi råkat spilla ut när vi skulle ge Loppan vatten i den där portabla röda vattenskålen. Dagen var för övrigt fulländad med blommor som var i full blom och berget som sträckte ut sig över Värmlands allra vackraste platser. Berg så långt ögat kunde nå och granar och tallar som trängdes och bildade just den där perfekta sagoskogen. Om du inte varit i Torsby och besökt Hovfjället på sommaren rekommenderar jag en tur dit. Efteråt sov vi i bilen och jag och Loppan delade på baksätet. Det var trångt och gav muskelvärk dagen efter men det var det värt. Det pratar vi fortfarande om. Hur hon var en del av den allra vackraste upplevelsen på det sagolika fjället.

Hon sprang fram och tillbaka med långlina på den utlagda spången i skogens hjärta. Att landa mjukt med barfotafötter i morgondimmans dagg. Det förblir ett av mina allra vackraste minnen. Det finns nästan inga bilder tagna därifrån men minnet är starkare än alla foton som går att ta. Himmelen så magisk och färgstark att det nästan inte är på riktigt. Jag och min bror så nära varandra, samtalande om livet och alla väsentligheter. Dagen efter stannade vi till vid en sjö som magiskt låg längs med en stor del av resan. Jag och brorsan hoppade i och omslöts av Torsbys vackra skog och Loppan stannade vid kanten och lekte med något hon hittat längs med den smala lilla strandremsa som var. Efter en stund kom det ner ett par damer i morgonrockar och tofflor och småpratade. Tagna av den korta resan och av allt det storslagna begav vi oss hem. Brorsan pratade om att det kändes som om han kunde bo där, och jag hade länge en röd liten sommarstuga i sikte. Alla år efter att vi var där har vi sagt att när sommaren kommer att vi ska åka till bergen i Torsby och gå den där långa sträckan. Men än så länge är det andra platser vi hamnat på. Vi har sparat minnet i spetsen av hjärteroten och kommer en dag att återvända, men den gången med en annan liten lycklig varelse: Dobby.

Jag är tacksam att hon var med, just där. Det slår mig ganska ofta, att vi har den makten över våra djur. Den känns ganska överväldigande och svår ibland kan jag tycka. Vi bär makten över hur många vyer de får se, hur mycket inre rikedom de upplever. Det ansvaret bär de inte själva. Bara en människa kan göra det och egentligen förtjänar vi dem inte. Vi har aldrig förtjänat dessa vackra varelser.

Och vi hade med henne. Hon var med till blåsiga vyer vid västkusten och ett vilt hav. En dag var det stängt för hundar på den mest barnvänliga stranden, badholmen som den kallas, och den varma kroppen tryckte sig bakom mig i skuggan som jag kastade på stranden. Hon var med när vi gick i bergen och jag skrattade och sade att hon förmodligen var en bergsget i sitt tidigare liv. För inte visade hon någon som helst osäkerhet när hon hoppade mellan klipporna i det majestätiska landskap som tillhör hela västkusten. Hon var med hos min svärmor i naturreservatet vid Grebbestad, där hon åt en hel förpackning torkat kött som skulle räcka en liten tid. Just eftersom jag tyckte så synd om henne då hon satt fastkopplad när hon så gärna ville släppas fri.

Jag tror alla blev lite förälskade i Loppan och var exalterade över att just hon kom till oss. Svärmor, svärfar, faster, moster, mamma, brorsorna, svägerskan och vänner. Alla tycktes de betagna av henne. Det hade uttryckts en del negativa åsikter innan. Hur klarar man att ha en hund? Är inte det så jobbigt? Bättre att skaffa en till katt. Eller kanske inte ha något djur alls så att man kan resa. Men sedan när hon väl stod där vändes åsikter och tankar bort fort. En hund i familjen och bekantskapskretsen? Är det ens möjligt? Går det att få ihop det? Wow på den. Och orden om hur charmig, vänlig, klok och så vidare tog inte slut.

Familjen och vännerna, ja hur viktiga är inte de? Under de där alldeles för många timmarna på ett kontor hade jag glömt hur viktigt det var med vänner. Hur viktigt det var att skratta. Att skratta på riktigt och inte bara påklistrat för att det förväntas av dig. Hur viktigt det var att välja något annat i livet än det som var måsten. Men också att jag kunde bestämma själv. Att jag, istället för att känna mig ledsen över att de olika behov vi hade på kvällarna, kunde ta rodret och välja själv. Kanske var det bland det viktigaste, att jag fick definiera mina val och göra det jag ville. Att uppleva. Att vara nära naturen. Men också att få uppleva med någon annan. Det är något fundamentalt med det.

Loppan, hon var mitt val. Alla gånger.

Jag vet inte hur många gånger hon fyllde mina dagar med ett leende. Som den där gången jag smågrälade med henne då hon, vad jag trodde, haft ner tomaterna från bordet. När vi sedan kom ut visade det sig att hon hade munnen full med... tomater! Den lilla log mot mig med ett uppstudsigt leende, ha! Så tänkte du, ja!

En gång hade hon också fyllt munnen, liksom hamstrat upp, med hästskit. Rakt ner i vår soffa. Herregud, hur kan det bli så?

Min knasiga hund. Min lilla Loppan med det stora leendet som aldrig tog slut. Hon vars ansikte påminde om den oändliga historiens stora flygande hund. Sagan och tryggheten personifierad. Hon som alltid ville vara med och göra roliga saker. Aldrig sade nej. Alltid var kvick, glad och på. Har ni förresten inte sett en hund visa känslor eller le så behöver ni titta mer noga. Hennes leende var nästan lika tydligt som hos en människa och hon strålade desto mer. Jag tycker det är väldigt lätt att tolka ett hundansikte. Och kanske alldeles plättlätt när man känner hunden utan och innan.

Jag ska försöka komma ihåg vilken resa jag gjort och vad det var som var så viktigt. Hur viktigt det är för mig att röra mig ordentligt och inte fastna i en kontorsstol. Hur viktigt det är att inte offra mig själv helt för jobb och ekonomi. Och att lite smuts och hår från en hund aldrig får stå i vägen för mina drömmar. Jag måste också komma ihåg att jag behöver vakta och värna om hon som är jag. Att jag snabbt blir olycklig både utan rörelse och natur. Och jag måste försöka komma ifrån...

Den bit inom mig som fortfarande är olycklig utan henne. Jag försöker fortfarande förgäves fånga in varje liten nyans av henne. Vill omfamna och ha henne kvar. Men hon är inte här längre. Och jag undrar så, var har hon tagit vägen nu? Finns hon där på andra sidan? Kan hon någonsin tänka på mig som jag tänker på henne? Förenas vi någonstans i vår saknad efter varandra?

Ibland går jag upp sent på kvällarna när tårarna tränger sig på och håller i hennes urna. Jag är så glad att den finns här. Att det blev som vår yngsta son sade. Att vi kunde spara urnan inne i vardagsrummet så att alla kunde hålla i den när vi saknade henne. Att vi inte släppte ut henne någonstans. Det skulle förresten också bli förtvivlat svårt ifall vi mot all förmodan flyttade. Vad långt bort jag då skulle vara från det lilla som finns kvar, det lilla det går att greppa med sina händer. Askan. Resterna av den mest älskade kroppen. Och jag håller. Ibland krampaktigt hårt och alltid när ingen ser. När ingen kan störa mig i min saknad. Det är så svårt att låta den komma fram ibland, hur tar den någonsin slut? Den har lagrat sig inuti.

"Hur är det?" brukar min man fråga. Sedan säger han alltid, när jag svarat att jag saknar henne att han förstår det, "hon betydde så mycket för dig". Och varje gång tänker jag att han absolut inte kan förstå, och jag nästan skäms lite över att min sorg fastnat så onormalt mycket. För jag vet faktiskt inte om han någonsin kan förstå.

Jag fattar inte hur det så länge stundtals kunde göra så ont. Varje gång jag tänker på henne är det som om jag måste anstränga mig och hålla tillbaka. Som om hjärtat kommit på att det har skett på riktigt. Hon finns inte hos oss längre. Bottenlöst.

Och jag visste det redan innan, hur hårt det skulle kännas dagen hon försvann. Jag skrev i ett meddelande ett och ett halvt år innan hennes död: *Min älskade Loppa, du hade mitt hjärta från första stund. Det var ingen kärlek som långsamt växte fram. Här var det tack och hej här är vi. Dagen hon försvinner vet jag inte hur jag ska överleva för jag är helt klart beroende av henne. På riktigt det blir en katastrofal sorg utan dess like, jag blir tårögd av tanken. Och vice versa. Loppan vill vara med mig jämt, en sann kärlekshistoria. Alla behöver en ploppis i sitt liv.*

Det är så det är helt enkelt. Att få ha någon som ovillkorligen ger kärlek. Bjuder till skratt och lek. Och som vill vara i närvaro med dig. Som alltid vill vara i närvaro med dig och som vill dig väl. Som skyddar dig till vilket pris som helst. Som inte en enda dag vill dig ont. Det är värdefullt.

ALLA BEHÖVER EN LOPPA I SITT LIV

Det fanns en annan sak som Loppan gjorde som tillhör den där enorma kärleken jag hade, och har, till henne. Och den handlade om hur hon tog hand om mig.

Jag har en man som också tröstar mig om jag är ledsen såklart. Men min kära hund kom springande så fort att hon nästan snubblade när hon hörde att jag grät. Det ständiga var att sitta i mitt knä samt att putta på mig med framtassen. Ibland blev hon sittande och tittade på mig och puttade mig med framtassarna igen och igen. Först "Vad ledsen du är, jag finns här". Sedan "Kom igen nu. Kom igen nu så går vi vidare från det där". Alla dagar. Alla grå dagar. Alla stressiga dagar. Alla dagar när något var för mycket, då tog hon emot mig. Som om det var hennes livs viktigaste uppgift. Jag satte mig på golvet i hallen och jag kunde luta mig mot hennes lurviga kropp. Pälsen var lite sträv, nästan lite taxlik men också lång och lockig. Hennes tassar, stora och rejäla. Trampdynorna svarta och bruna. Vad jag skulle göra mycket för att höra det där ljudet när hon springer över golvet igen. Det finns ingen, varken innan eller efter, som så ovillkorligt velat ge mig tröst. En hund har ingen tid att passa och inget tålamod som tar slut. Den förväntar sig heller ingenting i utbyte. Men det du ger får du mer än tiotalet tillbaka. Hon hade en outtömlig källa av tröst att ge.

Samtidigt vet jag inte om det finns fler som henne, ibland tvivlar jag på det. Hennes tidigare ägare ringde en dag en tid efter Loppans död för att fråga hur det var med Loppan, då hon tänkt på oss. Det lustiga i detta var också att vi inte pratats vid på minst ett par år. Efter att jag samlat mig och berättat om det hemska sade jag till henne, som hunduppfödare, att hon kanske ville höra av sig om hon stötte på någon liknande individ. "Det finns ingen som hon" svarade hon. "Nej du har rätt" sade jag.

Den hunden finns inte, jag betvivlar det. Jag betvivlar också att det finns människor som ger sådan villkorslös kärlek i den omfattningen. Har du någonsin hört en människa säga att den finns för dig, precis varje gång du är ledsen och hur länge du än är ledsen?

Jag har hört det. Jag har otroligt generösa människor omkring mig. Människor som kan säga "ring när du vill, jag finns här alltid". Det är underbart att ha de människorna i sitt liv, en ynnest. Men det är ändå inte samma sak. En människa har andra saker för sig och vi kommer tillbaka till det faktum jag skrev om i början: för mig var hon allt men för henne var jag hela universum. Det är både ledsamt och vackert, men hon väntade alltid på att jag skulle komma om jag inte var hemma. Även om de andra i familjen försökte locka på henne och hitta på saker med henne låg hon ofta vid ytterdörren och väntade. De sade att det var som om hon oroligt låg och sörjde när jag inte var med. Som att hennes liv stannade upp. Loppan hade förmodligen kunnat skänka sitt liv om hon visste att det hade gjort mig lyckligare. Hennes kärlek var totalt gränslös. Både vackert och hjärtskärande.

Jag har verkligen behövt den där trösten. Den ovillkorliga, som står där oavsett. Den har betytt så oerhört mycket. Den har verkligen varit läkande genom alla lager. Hon nådde längre och djupare.

Det hände också att hon låg och tvättade mig. Började slicka på mina händer, mina ben. Det var hennes sätt att visa ömhet. En gång gick det dock över styr och jag vaknade av att hon mitt i natten tvättade mig. Jag som tänkte att hon blivit knäpp ringde veterinären, och var beredd att åka många mil mitt i natten med henne. Tur och retur sisådär fyrtio mil. Jag tänkte att hon kanske hade ont någonstans och ville påkalla uppmärksamhet. Vi kom fram till att hon betedde sig märkligt eftersom hon löpte. Tikar kan tydligen göra så.

Det var lite liknande när hon fick för sig att hennes leksaker var valpar och jag till slut fick gömma dem då hon blev totalt stressad av att verkligen jaga runt på sina "valpar" och att passa på dem. Hon såg inte lycklig ut. Men det gick över kort efter att de blev gömda. En kort stund letade hon men sedan var allt som vanligt. Så enkelt kan det vara med en hund. Förresten önskar jag att jag tagit valpar efter henne. Å andra sidan, hur hittar man hem till flera valpar? Hur kan man förvissa sig om att alla får ett riktigt bra hem? Det måste vara en av de svåraste uppgifterna att ha, att finna bra hem. Att sedan dessutom skiljas från alla ljuvliga små. Det som är lite sorgligt är dock att då hade jag haft kvar en liten del av Loppan.

Men vad är det som säger att det blir samma sak bara för att en valp skulle komma från henne?

Det blir ju sällan detsamma. Det blir ju sällan exakt som man tänkt.

Jag har funderat en del på det, hur det hade varit om jag hade haft henne som valp. Jag hade henne inte från den där tidigaste tiden. En del säger att man formar sin hund bättre då, att man liksom får bättre förutsättningar. En del hävdar till och med att anknytningen blir en annan. Men jag kan inte föreställa mig en bättre anknytning till en hund.

Däremot tror jag att det var en ofantlig lyckträff. Hon kom till just mig. Våra själar som dansade så vackert i takt tillsammans. Visste precis på vilka stråkar vi skulle spela. Greppade tag i varandra och höll oss hårt fast.

Och jag kan inte låta bli att undra... var det meningen? Var det just henne jag skulle möta? Har vi setts i ett tidigare liv? Har våra själar tyckt om varandra en längre tid? Var det så att vi kände varandra långt innan vi fötts?

Får vi in vissa varelser i våra liv för att lära oss något? Hjälpte hon mig att bli tryggare i mig själv? Att ta mer ansvar över min hälsa. Erkänna min kropp och dess behov och vörda den som det tempel den är. Men även: var vi i varandras liv så att jag kunde hjälpa henne att våga ta mer plats? Att våga utvecklas så att livet skulle ge så mycket mer?

Var vi tillsammans denna lilla tid på jorden för att vi gav varandra så mycket? Är det så uträknat i världen? Eller är det helt enkelt bara beroende av att vi människor vill söka samband? Nej, det vill jag inte tro. Livet vill ge mer. Livet kan ge mer. Om man vågar gå in i kärnan.

Jag tror på något annat. Att det finns en orsak. Inte med allt, inte med ondska och elände. Men detta fanns det en mening med ifall vi ska söka en sådan. Meningen ger mig tröst. Hon läkte något inom mig. Något som var trasigt. Hon lyfte något hos mig. Något som ville fram. Något som inte kunde få fram sin vilja riktigt än.

Jag tror inte att min man hade stretat emot så mycket om han hade förstått hur mycket hon skulle komma att betyda för mig. Och det dröjde inte heller så lång tid innan han älskade båda våra fyrfota vänner högt. Jag ska inte säga lika högt som mig, men nära nog. Det är svårt att inte älska djur. Det är inte en slump att psykiatrin brukar ställa frågor som "var du grym mot djur som liten" för att söka empatistörningar.

Älska dem. Det går väl egentligen inte att göra något annat?

Vad som står klart är i alla fall att nästan alla behöver någon. Någon som ger så där mycket och älskar en villkorslöst. Någon som ser en. Håller ihop en när man känner att ingenting i livet håller ihop. Någon som lovar att stanna kvar och som stannar så länge hen i just den kontexten kan. Vi är så rädda för beroende i denna individualistiska kultur. Men vad skulle relationen betyda om det vore så att den inte verkligen betydde något? Vad skulle någon betyda om det vore så att man enkelt lät den ta slut?

Jag tror vi behöver våga visa mer behov av varandra. Öppna den dörren mer. Låta våra småbarn somna i vår famn. Erkänna att när vi var rädda att förlora en partner eller kanske våra närmaste vänner. Våga bli arga på svek och stå kvar och konfrontera. Våga reda i det som inte är lätt att reda i. Våga säga förlåt. Berätta hur mycket relationen faktiskt betyder för oss. Inte spela spelet som återkommer så ofta. Spelet där vi ska verka oberörda och otillgängliga. Spelet ingen av oss mår bra av.

Men det är väl så livet är. Vi är ett så otroligt outvecklat släkte, människan. Det är så många av oss som knappt använder sitt medvetande utan bara dövar det. Tystar livet. Använder saker att berusa sig med i form av substanser. Eller helt enkelt dövar det med skärmar. Och tomt, innehållslöst prat. Istället för att säga vad som faktiskt är. Livet är verkligen fantastiskt, men jag kan bli skrämd över hur lite och på vilket ytligt plan det verkar vara i vårt samhälle. I vår tid. Kan vi inte bara återgå till ett lite djupare sätt att tänka? Kan vi inte uppmuntra mer filosofi och humanism? Lite mer empatisk utveckling kanske vore på sin plats? Det kanske bara är denna korta tid vi lever på denna jord. Kanske finns det inget mer. Men jag vill ändå tro det. Att det finns olika dimensioner. Kanske ingen himmel, men kanske något annat.

ETT BREV TILL HIMLEN

Hej Loppan!

Jag har nu skrivit en lång text till dig. Den handlar om både dig och mig. Det är så symboliskt hur vi två flyter samman, det var inte bara i livet utan också i berättelsen. Jag tror vi flöt ihop mer än vad jag tidigare har förstått. Jag har kommit fram till att du hjälpte mig med allt som var viktigt i mitt liv. Du hjälpte mig att bli tryggare och att låta mina behov ta mer plats. Du hjälpte mig att förstå att jag inte kunde arbeta så mycket. Du hjälpte mig förstå att jag måste vara ute i naturen för att må bra och att kroppen är vår allra viktigaste boning. Jag kommer att sakna dig så länge jag lever. Jag ser framför mig hur du, dansande vackra själ, är alldeles fri och lycklig. Jag hoppas du får märgben varje dag och att ingen husse säger åt dig att du inte får äta på sådana inomhus utan måste gå ut. Jag hoppas du träffar dina kullsyskon och föräldrar där du är eftersom jag vet att de inte längre lever. Är det som i sagan att ni nu äntligen ses igen? Jag hoppas du fick känna ljuset och att du kände dig trygg när du kom över till andra sidan. Jag önskar jag hade kunnat följa dig på vägen, att du slapp gå där ensam. Jag hoppas det är som i sagan, att väntan bara är tid som snart passerat, att du slipper vänta. Att vi ses om bara ett ögonblick.

Men kanske var du trygg ändå på din väg. När en människa dör är det så många som säger att de upplever ljuset och en intensiv varm trygghetskänsla. De känner att de vill gå över till döden, men ibland får de ett val att stanna kvar. Det är sådant som hörts från människor som varit på väg till andra sidan men återupplivats. Sedan är det ingen som vet vad som händer. Var det så du kände? Hörde du min röst prata med dig tills du gick över? Ville bara att du skulle uppleva trygghet. Den finaste sista resan. Jag önskar dig verkligen det.

Jag pratade en gång med en muslimsk kille som hävdade att hundar inte kom till himmelen. Det var människors plats och han berättade att hundar inte var sina egna, bara människans. Jag tyckte att det var ett sorgligt sätt att se alla levande varelser. Men det förvånar mig inte eftersom de flesta människor behandlar djur mycket dåligt. Kanske ryggar du till nu men många av oss äter kött och äter ägg och mjölk även de gånger vi vet att djuren farit mycket illa av slakten eller skötseln. Vi skyller alla på systemet vi inte vill vara en del av men ändå är de flesta av oss kvar.

Det är nästan som om djuren själva saknar eget existensberättigande. De får inga rättigheter alls. De tas ifrån de som de älskar, de får undermåligt med motion, lämnas ensamma. Djuren som ska slaktas fraktas i mycket trånga utrymmen och de slaktas sedan under tortyrliknande former. Det är sådant jag knappt orkar tänka på, människans grymhet och sadistiska sida är för svår att tackla. Jag får ofta undvika att ta in allt eftersom det är så grymt. Men det är väl det enda att göra. Vi människor lyfter också att vi är bättre än djuren på många sätt. Klokare och mindre "djuriska", det vill säga elaka och bestialiska. Men det är vi som är värst. Det är vi som förstör allt i vår makt och behandlar vår arma Moder Natur som om vi föraktade vårt ursprung. Det är hjärtskärande.

Hjärtlösa samtid. Djur sätts i bur och tvingas till onaturliga former av liv. Ni hundar har mer skydd i detta land men det är ändå så skevt. I det stora kan jag säga att vi inte förtjänar er. Vi låter inte heller våra hundar sträcka ut sin kropp som

de borde. Springa i den takt ni själva vill och hur långt ni vill.
Vi skaffar hårda tillbehör som strypsnaror för att få er att
göra det vi vill. Ni får inte, som ni behöver, bli smutsiga och
leka med artfränder. Vi ser oss som en diktator som ska styra
er minsta vink. Det är vidrigt.

Jag vill säga förlåt till dig för varje gång du inte fick vara
hund så mycket som du behövde, skulle eller önskade. Förlåt
för alla gånger vi inte gick så långt du önskade. Förlåt för
varje gång jag inte hade tid. Eller ännu värre, för alla gånger
jag inte orkade. Så grymt är livet, att det är människan som
bestämmer till stor del vilket välbefinnande hunden har.

Det gör ont att tänka på det för jag ville ge dig det allra bästa
hundlivet jag kunde. Och jag tror att jag måste landa i det, att
jag gjorde så gott jag kunde och att många skulle ha klassat
det som ett bra hundliv. Jag önskar att du också gjorde det.
Att du kände det.

Men jag önskar dig också mer frihet nu. Där du får välja själv,
inte glädjas för att andra väljer åt dig. Sanningen är väl
dessvärre att ingen ägd hund är en fri hund, den är bara
förhoppningsvis trygg.

Jag undrar också hur mycket du led av din sjukdom. Det är
så sorgligt att du fick gå med den. Bli så där smal som du
blev så fort den sista tiden. Vara sådär trött. Vad fort allt gick.
Det är fruktansvärt. Jag är glad att du inte lider mer nu.

När du ändå är där i himmelen kan du väl också prata med
alla de andra mina som är där?

Kan du hälsa mormor att hon var min mamma-mormor och
att jag älskar henne för allt? Att hon hjälpte mig mer än hon
kunde ana och att jag är ledsen för alla gånger hon slet så

mycket? Jag vet att hon slet alldeles för mycket. Jag önskar livet hade varit annorlunda där för henne. Jag är också så ledsen för all den tid av sjukdom hon fick uppleva. All tid av försummelse av sig själv och den grymma sjukdomen alzheimer behandlade henne som en fånge de sista åren, och det var fruktansvärt att se hennes lidande. Det var stundtals som att vara inne i en mardröm och jag är så ledsen att jag inte ens orkade besöka henne den alldeles sista tiden, tiden då hon inte längre kunde tala och hade slutat att känna igen mig för länge sedan. Jag vill också att hon ska veta att jag väljer att se henne i den cowboyhatt jag en gång avbildade henne med. På bilden där jag avbildat henne där styrkan och glädjen lyser fram Jag vill minnas henne med hennes skratt och varma leende och det har med tiden överskuggat allt det hemska. Jag kommer aldrig glömma hur glad hon blev varje gång jag kom på besök.

Kan du hälsa min övriga familj att jag är så tacksam för allt de gett mig? Alla dessa unika människor som var en tid i min historia och som gav mig livet. Till farmor med de vackra kläderna och det vackra leendet. Med känsligheten, skrattet och hälsobullarna. Kan du hälsa farfar som står med stafflit där någonstans helt fokuserad på sin målning? Kan du också hälsa mina vänner? Och speciellt till min bror i himmelen?

Kan du hälsa honom att jag önskar att han kunde släppa det som hände snabbt, för jag är så övertygad om att det som skedde var en olycka som han ångrade. Jag vill inte att han bär skuldkänslor för någon han lämnat efter sig. Vi klarade oss allihop. Jag vill också tacka honom för att han alltid var på min sida och för att han gav mig all den där tryggheten som en adopterad storebror kan göra. Kan du också hälsa honom att jag har träffat hans mamma och att hon är den starkaste, vackraste kvinna jag känner till. Hennes leende lyser fortfarande i mitt hjärta. Hon klarade sig mirakulöst nog, för hon valde livet framför allt det andra. Din syster har fått barn också, och vad jag förstått så var det en stor glädje.

För övrigt, Loppan. Det finns inga ord som räcker. Jag älskar dig mer än vad det finns ord för. Jag önskar dig allt gott. Det sägs att en man skulle kunna offra år av sitt liv och ge till sin hund, jag är beredd att hålla med. Du var så mycket mer värdefull än du kan ana.

Men också. Jag behöver din hjälp att gå vidare nu. Tror du att du kan hjälpa mig lite grann på håll? Sorgen efter dig har liksom kilat sig fast inom mig lite för mycket. Du får gärna stanna kvar här inom mig men jag önskar mig lite mindre av just smärtan. Jag har burit så oerhört tungt i mitt liv vet du, och jag känner att jag så gärna vill få bli lite lättare igen. Lite mer sorglös... om jag kunde få förena kärleken med lite mindre smärta? Det vore skönt. För livet har så mycket att erbjuda och jag har inte fått uppleva så mycket utan just smärta. Så stor del av livet har varit färgad av den. Jag vill fram nu. Jag vill till framtiden.

FRAMTIDEN

Nakna sommarben och vakna sommarnätter. Allt ska klämmas in i denna tid. Gör du det rätt? På riktigt och viktigt? Hinner du med varje liten tårtbit av det du vill, borde och måste? Jag försöker sannerligen. Leva. Leva så mycket. Och mest längtar jag efter sommaren. Somliga säger tiden mellan hägg och syren; jag säger tiden mellan syrener och sista solrosen. Då är livet som vackrast. Hela hemmet i alla färgnyanser som finns. Dofterna. Blommorna som trängs, både ute och intagna från trädgården. De står på vardagsrumsbordet, trängs på köksbordet, bredvid sängen och inne vid badrumsfönstret. På hyllan i hallen. Små lila penséer och stora solrosor. Tagetes. Men också utifrån lupiner, smörblommor. Allt byter av varandra. Berusar själen med glädje. Allt ljust, allt levande. Ingen förälder som säger nej när barnen drar ut på kvällen. De hoppar, skrattar och kiknar. Leken kan vara tills kvällen krupit på och sängen lockar. Föräldrarna kan sitta där tillsammans och känna lättnaden över vilan.

Nakna fötter ner i gräset. Låt mig alltid gå med nakna fötter i gräset. Allt är enkelt och inga strumpor som ska sorteras. Så nära varandra när själarna får mötas, tv:n byts ut mot sena trädgårdsnätter. Vi är vakna lite för länge och lusten till livet, och varandra, balsamerar in den arma trötta kroppen.

Jag vill omfamna hela sommaren och hålla den hårt. Varje år står jag där och suktandes längtar, är det sant? Får jag vara med ett år till? Så det är sommaren jag nu har i sikte.

Sommaren, ljuset och livet. Min stora längtan i livet just nu är att åka till Lofoten med familjen och mina bröder. Jag vill uppleva bergen och den blå färgen som magiskt brukar omge dem. Luften som andas storslagenhet. Dobby får nog stanna hemma med någon eftersom jag tror att det kan vara krångligt att ta med honom dit, vi kommer i så fall kanske att flyga. Jag längtar mycket efter miljöombyte, och livet i tält med stormkök innebär alltid en närvaro med naturen som jag älskar. Det är en dröm jag har. Att få förundras av en sådan storslagen natur. Igen, igen och igen. Låta naturen ta över hela sinnet. Att komma nära livsnerven. Livets pulsåder. En annan önskan jag har är att göra mer av de sakerna jag tycker om, som att umgås med vänner. Måla tavlor och gärna de utan skarpa linjer och utan prestation. Sjunga (o)skönsång när jag lagar mat. Skriva. Kreativa saker som för mig är förknippade med liv, från olika ytterligheter till innerligheten. Jag brukar säga att jag måste måla annars får jag ingen luft, men sanningen är att bara jag får skapa något så finns här liv. Jag mår verkligen så mycket bättre av skapandet i mitt liv. Det vill jag ha mer av, skapandet. Med det når jag ut med det jag formar i min hand, det talar sitt eget språk och ger ut små delar av mig. Magi.

Men jag önskar också någon gång en till hund. Jag fullkomligt älskar att få ha hund och livet som det medför. Kanske påminner de också om barndomens ljus. Om drömmen. Det väsen de är, fria och trygga, beskyddande. Stabila. Helt fulländade. Om jag inte höll i mig själv (läs: min man höll i mig) skulle jag nog kunna vara The Crazy Dog Lady. Hundar i alla dess storlekar är ju underbara. Jag skulle förmodligen gå med sådana där koppel med flera öglor så att man kan rasta flera åt gången.

Jag ser en Greta med vågig mörk päls. Kanske blir det en valp denna gång, kanske inte. Men Greta ska i alla fall någon gång bo här med oss. Trots att min kära make tycker att vi har det bra som det är. Jag är osäker på om min man alltid vet sitt eget bästa... skämt åsido.

Finns det en liten risk att jag skulle bli besviken och börja jämföra? Skulle den hunden göra som henne? Skulle vissa ljud påminna? Skulle den kunna ställa sig på bakbenen med stöd av min överkropp och se på mig med den kärleksfulla blicken in ögonen som hon kunde göra? Skulle den hunden och jag kunna kommunicera lika tydligt med blicken? Men också och minst lika viktigt: passar en Greta och en Dobby tillsammans? Skulle den hunden bli lycklig här? Skulle vi kunna lyckas att ge den hunden det allra bästa hundlivet?

Jag känner ofta på mig saker och i sorgen är det en förtröstan. Det där att känna på sig saker har varit sedan jag var liten. Vid första tillfället då det var som tydligast var när jag pratade med min farmor i telefonen och sade till mamma att vi var tvungna att skynda oss dit för att hon snart skulle dö. "Men varför tror du detta?" sade mamma då ingen visste hur sjuk farmor, som hade en hjärntumör, var.

En kort tid senare dog hon. Och det var så tydligt inom mig. Det kan visst bli som jag tror? Som jag känner att det kan bli? Det där har sedan hänt upprepade gånger. Och även nu, när jag var så rädd för Loppans död, tror jag att det var för att jag inom mig visste någonting som ingen annan ännu visste. Jag hade fångat upp någonting. Jag visste det som ingen ännu kunde mäta.

Det här med intuition är något som hänt mig om och om igen i livet. En gång krockade jag och vår ena son, vi blev påkörda av en lastbil. Jag drömde om det nätterna innan och vaknade alldeles förstörd. Det var så kraftfullt inom mig att jag satte mig upp och grät i sängen och min kära make fick övertyga mig om att jag inte skulle dö i en olycka. Sedan dröjde det inte lång tid innan den där lastbilen kom och körde rakt på oss och jag satt en stund och hann ställa frågor inom mig som "kommer vi överleva?", "blir jag förlamad?". Men det gick bra som tur var och sakta gick det. Han som körde ville hävda att vi måste kommit för fort, vilket var fel. Han fick betala till försäkringen då han kört ut när han hade väjningsplikt. Chocken efter den olyckan, den var omskakande. Jag undrar varför jag drömde denna dröm innan. Vad var budskapet? Var det att det skulle lösa sig oavsett, eller att jag skulle vara mer uppmärksam? Jag vet inte. Men livet visste något. Nästan som om en del av vårt medvetande tillhör något större men att vi fortfarande inte kan förstå vad det där stora är. Vi är för små för att greppa det som är så evinnerligt stort och komplext.

En annan gång visste jag i samma stund som min dåvarande kille var otrogen att han var just det. Det kved inom mig. Det var som om jag kunde känna alla hans känslor av osäkerhet, av det tveeggade, av det dubbla. Ångesten rev inom mig och jag lade mig inne hos mamma och grät. Men lika bra var det att det hände. Jag är faktiskt tacksam att det hände, vi var inte bra för varandra och vägarna ledde mig rätt.

Jag fick också starka ord till mig under tiden jag hade neuroborrelios som jag inte lyssnade på, men som jag inte borde ha ignorerat. Det var dock den tid jag slet som mest med att hålla hoppet uppe och stundtals var den inre rösten borta, vilket gjorde det svårt att koppla någonting. Tro på någonting. Det var också märkligt, att den nästan försvann när jag behövde den som mest. Rädslan överskuggade den.

När man väl har den starka övertygelsen om att livet förmodligen kommer hjälpa en, genom att man känner in stora händelser som kommer att hända, så händer kanske något inom en. Den där öppenheten. För att det kanske finns något mer, vi är del av något större. Vi är en del av det som är större och jag tänker att vi är så otroligt små samtidigt som vi är så stora. Ett litet sandkorn av universum.

Jag har haft sanndrömmar. Träffat de mina jag förlorat i drömmar efter att de försvunnit från jordelivet. Det är en helt annan sak att drömma de drömmarna jämfört med de som bara är drömmar. Närvaron är total. Du ser igenom djupet av medvetandet, och budskapet blir skarpare än renaste kristall. Det går att ställa frågorna som själen undrar och det går att få starka budskap. Det märkliga är att det till och med kommer frågor du kanske inte ens vet om att du undrar, du får svaret ändå. Jag har också haft starka drömmar om djur som pratat med mig. En gång hade jag ett långt och viktigt samtal mitt ute i skogen med en varg. En annan gång pratade jag med en orm. Jag minns inga ord, bara den starka vissheten. Liksom sammankopplad med något större. Jag brukar flyga i mina drömmar, väldigt ofta. Jag har numera lärt mig att också flyga väldigt högt, det är ofantligt roligt och ger en enorm frihetskänsla. Högre och högre, det tar aldrig stopp. Jag älskar att drömma, när det är bra drömmar. Det kan vara en direktlänk med vårt inre och med vad jag tror, andevärlden.

Jag har upplevt healing. Både gett och fått. Det är starka läkande krafter. Har du inte provat är det lätt att vara skeptisk men jag vet många som ändrat sig efter att de testat. Men kanske är det så att jag tror lite mer än en del andra. Och det är också sådant man inte alltid pratar högt om. Men det struntar jag i. Som min kära moster sade när vi pratade om just det här med att vara öppen om sånt här i en bok, "vad är det egentligen som säger att inte många människor håller med dig? Men många människor kanske är tysta för att det inte pratas högt om det?". Vi har en ram för hur det ska se ut i vårt samhälle, och vad vi ska tro på. Vi är så intränade här med att bete oss på samma sätt allihop. Den sociala kontrollen är stark. Svenskar i ett nötskal. Sedan finns det såklart en annan aspekt som är minst lika stark och det är att det är kunskap som det lätt går att luras med. Det är svårt att motbevisa någon som säger sig ha olika krafter, eftersom det sällan går att bevisa att de har det heller. I värsta fall kan det leda till manipulation och till att både pengar och onödig tid och lidande går åt. Det är en ful sida hos människan att kunna göra vad som helst för pengar. Det ligger all sanning i uttrycket att somliga går över lik.

Men det går inte heller att blunda för alla de individer jag träffat som berättat om de allra märkligaste sammanträffandena. Om intuition. Healing. Budskap som kommer i drömmarna. Varseldrömmar. Summerat tror jag på intuition och på att det finns mängder av saker vi människor kan uppleva utan logiska förklaringar. Men jag tror också att det finns mängder av människor som utnyttjar detta och att man bör sondera hårt och vara försiktig om man ska blanda in andra.

Dagarna innan Loppan dog hade jag uppe en tarotlek. Jag hade inte tagit i en tarotlek på flera år. Den visade död (vilket jag vet också ska vara pånyttfödelse). Jag tog bild på korten och skickade till en vän och skrev att jag undrar vad som är på gång. Det var det lilla sammanträffandet, men det hände.

I vår familj när jag var liten var det aldrig ovanligt att prata om spöken, drömmar eller annat som det mest självklara på jorden. En gång om året fastnade släktens kvinnor vid årets Astrologi och man gick noga igenom alla stjärntecken och vad som förväntades hända. Ungefär som om det var årets sanning serverad. Mellan tuggor av sockerkakan och påsar med te skrattade släkten så där hjärtligt och varmt som bara kvinnor i grupp kan göra. Jag kan tillägga att astrologi är det jag tror minst på. Det är lite för mycket övertygelse i symboler som leder någon annanstans än inom individen själv.

För det är väl just det som kan bli fel tycker jag. När vi människor luras att tro på något utom oss, som vi inte själva upplevt. När det finns en bestämd konstruktion. Något specifikt man förväntas att tro. Som att tro på gud till exempel. Det är mycket oskyldigt och skyldigt som kan ske i guds namn. Begrepp som synd och heder får en annan innebörd. Vad som kan vara en synd inom religionen behöver inte nödvändigtvis vara det. Vad som kan kallas heder behöver inte nödvändigtvis vara hedersamt, utan kan likväl vara förklädd ondska. Det är texter skrivna i en helt annan tid och kontext och det är absurt när vi väljer att kritiskt tolka den utan utveckling på både ett samhällskritiskt och mer empatiskt sätt. Trots åren som passerat och den tid vi är i, finns det människor som i syfte att tjäna gud begår mord, våldtäkter. Men också utfrysning, mobbning. En orsak att trycka ner någon, bete sig olämpligt men att kalla det lämpligt. En orsak att se ner på någon som inte är tillräckligt "gudfruktig". Slår du förresten upp orden står det något om att den med gudsfruktan är en from följare av gud. I min värld är det bland det farligaste du kan vara, en from följare av något utom dig. Kompassen till godhet och kärlek bör väl finnas inom dig? Följ inte blint den som hävdar att den har sanningen i sikte.

Religion kan vara både fult och vackert. I de stunder det endast leder till att vara en god människa och vän mot alla på denna planet är det en vacker sak, tycker jag. Hon som inte kastar en dömande blick utan älskar förbehållslöst. Hon som aldrig skulle skada eller överlåta det till någon annan. Hon som är ren. Att tro på gud utan att vara en from följare. Att tro på godhet.

Det är människan som bestämmer vägen. Och till sist är det du. Den lilla individen som känner sig så skör i det stora. Det är där den verkliga kraften vilar. Gruppen är en stark konstruktion, men om individerna drar åt ett annat håll kan gruppen spricka på ett ögonblick. Och den kraften har du.

Att gå ifrån gruppen har alltid varit min mammas starka sida, att stå på sidan och betrakta. Hon har alltid varit fri i sinnet. Och är fortfarande. Det finns nog ingenting som gett mig så mycket frihet som hennes ständiga öppenhet för allt egentligen. Jag skulle kunna berätta om de mest märkliga sanndrömmarna jag har och hon skulle tro på det. Du skulle kunna möta henne i vilken utstyrsel som helst och hon skulle aldrig rygga tillbaka. Om det finns någon som näst intill aldrig skulle döma, så är det hon.

Hon är också väldigt svår att oroa vilket kan vara ett bra komplement i mitt liv. Om det knastrar i trappen kan det aldrig vara inbrott utan det är huset som knakar. Skulle någon person i det mörka irra omkring härute på tomten så skulle det kunna vara någon som gått vilse. I min värld blir jag alltid lite förvånad när hon ryggar tillbaka. Min tanke blir snabbt att det måste vara något ytterst, ovanligt farligt som inträffat eller kan inträffa.

Det finns fler med öppna sinnen och jag har också turen att ha en moster och faster jag har mycket kontakt med. De har bidragit till läkning. Till att stärka mig. Till kärlek. Båda har ett öppet sinne. Det måste väl vara det viktigaste? Att få säga vad man vill och inte bara behöva hålla sig inom ramen? Att få ha udda åsikter? Att få bli hörsammad, inte dömd? Starka orädda kvinnor. Kvinnor som tar plats på sitt eget sätt. Jag älskar dem så mycket, det är häftigt att få ha den starka relationen med dem. Här finns det ingen som dömer ut någon för att vi pratar om saker vi känner på oss. Saker vi önskar. Saker vi bestämt. Det finns inte ett uns av prestationskrav eller risk för att någon ska vara lättkränkt. Här kan vi starta ett samtal hur vi vill och avbryta det hur vi vill. Jag blir inte förvånad om jag får ett samtal som börjar "hej! (tystnad) vänta lite, jag ska bara (tystnad) du, jag ringer upp dig. Klick". Och ingen av oss tar illa upp. Därför att kraven vi har på varandra, de där att uppföra sig på ett speciellt sätt, har vi sedan länge passerat. Toleransen är hög eftersom tryggheten är hög. Vi älskar varandra, helt enkelt.

Vart var det nu jag ville komma med allt det där när jag skrev om intuition förut? Jo, det jag vill komma till är att jag inte tror att döden är slutet. Döden är inte slutet på resan. De här relationerna betyder någonting och jag tror inte att döden behöver vara slutet. Inte ens att döden behöver vara slutet för relationerna. Sambanden finns och de är heliga. Det finns så mycket vi inte kan förstå. Vad som händer sedan kan vi inte veta, men det finns så många som faktiskt dött och sedan återupplivats som berättat samma sak. De har mött de som de älskar. De har sett saker som ingen kan ha någon förklaring till. Som att de kunnat beskriva i detalj vad som hände när någon försökte återuppliva dem. De har kunnat beskriva det där som vi inte kan förklara hur de som döda kunde uppfatta. De har fått veta saker. Som att de kommit närmare en sanning.

Det finns också de som berättar om tidigare liv. Om sammanträffanden som är så stora att de är svåra att bortse från. Det kanske är så att vi är i ett så mycket större sammanhang än vi kan ana? Det kanske finns andra dimensioner, tänker jag. Andra dimensioner än de vi känner. Och kanske lyckas man i vissa fall hålla varandra genom olika dimensioner? Få kontakt genom dimensionerna? Kanske är det så att det jag förnimmer från vår älskade hund inte bara en slump utan något mer? Kanske ska jag tacksamt ta emot känslan jag ibland har när den kommer till mig om kvällen och tänka att hon kanske är hos mig litegrann ändå? Litegrann hos mig och hälsar på.

Och framtiden är nog inte heller en slump. Man vet aldrig vad den har att bjuda på. Men jag vet att oavsett vad framtiden har i sikte så kommer jag aktivt vara med och välja vad som kommer att ske i den. Jag står inte som en betraktare som ser på. Livet är allt för dyrbart.

BREVET TILL DIG SOM LÄSER DENNA BOK

Jag hoppas också du upplever livet dyrbart och att det är du som har ledningen i ditt liv. Att du lyssnar till mjuka toner av den bästa musik du vet. Här går Moonica Mac med texten "stark och sårbar, jag är skör och jag är oslagbar. Jag har alla fina dagar kvar och därför vill jag bara ge dig kärlek". Jag vilar i hennes mjuka stämma. Jag hoppas du också får vila i någons. Att du har just det runt omkring dig som du mår bra av.

Men också att du är på en bra plats där ångesten inte ständigt river eller där depressionen har dig i sitt mörka gap. Där du inte nyss genomgått något väldigt svårt. Eller att du är där nu. Och om du är det, önskar jag att det finns någon. Kanske en Loppa som sitter i ditt knä eller någon annan som tröstar dig. Att du också vågar be om stöd. Att känslorna får flöda ut som rinnande vatten och inte stannar kvar i ditt bröst.

En del saker kan vi påverka, andra inte. Det är så tydligt när jag skriver hur mycket ont jag också gjort mig själv på vägen, hur mycket försummelse av mig som varit. Vi är så små i sammanhanget, i universum både i tid och rum. Men vi är också så mycket större då vi är boningen och centrum i vårt eget liv. Kanske är det så att det tillhör många föräldrar att ibland vara för självuppoffrande och kanske är det ibland i synnerhet kvinnorna som tackar nej till för mycket de egentligen vill säga ja till och som även säger ja till mycket de borde säga nej till. Men förmodligen är det också så att små barn som växer upp i kaos lär sig att bära tyngden själva, och ibland alldeles för mycket. Det är lätt att drunkna i mörkret, att inte be om hjälp. Det tunga tillhör livet, min vän, men det är inte ditt ensamt att bära. Det går att dela, för det blir så mycket enklare då. Och har du inte provat att tala om trassel du fått utstå på vägen så hoppas jag att du gör det och att du träffar någon där du har ett förtroende och kan öppna upp dig. Det är det allra viktigaste. Att du får bli hörd och att din historia får ta plats.

I min process av frigörelse från trauman skrev jag texter som jag brände upp. Kastade pilar på foton. Det fanns de som förtjänade pilarna. Rev sönder bilder i smulor. Släppte ut ilska och sorg, besvikelse, rädsla och skam. Skärvor av glas och kolsvarta nätter. Skadedjur som myllrar och trycker på. Det är svårt att rida ut stormen när det blåser så hårt. Konsten är att gå rakt in i det som smärtar och att våga stanna där. För även om det gör så ont så att kroppen tror att den upplever det igen, så gör den inte det. Och så småningom kommer din arma själ att förstå det och du kommer att kunna gå vidare. Du tar din smärta i handen och leder dig fram. Vid den stunden har du kommit så långt, och längre ska du gå. När smärtan blivit en integrerad del i dig och när du slipper att kippa efter luft eller när det slipper kännas som att du kvävs vid dessa minnen, då är du nästan förbi. Du kan. Jag vet att du kan. Släppa. Kanske kan du även försöka släppa det du gjort som du känt varit fel. För skuld är ingen lätt känsla att gå och bära på. Och just den kan vara extra svår att berätta om. Men även där kan du bli fri.

Samtidigt är det också så att processer tar tid. Dessvärre så mycket mer tid än vad vi vill ödsla på smärta. Det är egentligen orättvist, att först ha upplevt smärta och sedan fortsätta göra det. All tid som går förlorad, all tid i smärtans grepp. Att kämpa med att programmera om sig. Att inte reagera på fel saker. Men livet är så dessvärre. Och det är ingenting som blir annorlunda trots att det kan upplevas orättvist, det blir aldrig rättvisa i det här. Det blir väl egentligen aldrig det i nästan någonting. Och det är också en viktig lärdom. Annars riskerar livet att sugas ut av avundsjuka och känslan av att vara ett offer under omständigheterna. Och den känslan kan sprida sig som en tumör till olika delar av livet. Det vill du inte.

Kanske har du inte dessa svåra minnen med dig men jag tror att många bär på något. Det kan vara mindre saker men som också är svåra. Det kanske inte är traumatiska minnen som hållit dig vaken på nätterna men sådant som påverkat dig på ett mer omedvetet plan. Ibland sker saker mindre tydligt men det är ändå där och stör alltihop. Det är tyngden med att vara människa. Det är så mycket vi får utstå. Och även det som är mindre och skaver är värt ditt fokus till att läka.

Jag hoppas också, förutom det där med att sätta gränser kring dig, att du lyckas hitta någonting som din själ hungrar efter. Någonting som får det inre ögat att le. Det där som känns på riktigt. Någon som härrör det vackra värdefulla ordet innerlighet. Det hävdas att just att göra det som själen hungrar efter har ett samband med ett långt liv och jag tror att det kan vara så. Att finna det själen vill. Om det så är att dansa, sjunga, laga mat eller springa. Vad det än handlar om, att det är något som är lustfyllt. Som skapar engagemang och som är någonting du vill göra. Och vet du inte: försök att komma ihåg att det inte behöver vara något storslaget. Något som känns lustfyllt inuti. Låt inte livet gå på tomgång, du kommer ångra det. Du kommer ångra varje solnedgång du missat, stjärnfall du inte sett. Du kommer ångra dig om du låter livet pågå utan att vara den som håller i rodret. Det är din viktigaste kompass. Vad det är du vill, på riktigt vill, och hungrar efter. Så länge du har rent uppsåt och gör det i hjärtats slag så blir det bra.

Det finns också något fint i att fylla tiden med att göra saker som känns meningsfulla. Att ge någonting till någon annan. Arbeta med välgörenhet. Hjälpa grannbarnet att laga sin cykel. Laga mat till den som behöver. Säga något fint till en främling. Och så vidare. Att bara ägna en dag åt att vara snäll mot andra personer, vilken glädje man får ut av det. Allt det där är också sådant som skapar mening. Det spelar ingen roll om det är lika mycket för din som för någon annans skull, det är fint i alla fall och jag lovar att du får tillbaka allt du ger. Inte nödvändigtvis i mätbara saker men du får tillbaka det du gett i det hjärta. Tänk på det... hur många minnen har inte etsat sig fast i glädjens anda när du gav någon din tid och din hand? De gånger du faktiskt bidragit med något eller fått en annan människa att känna sig uppmärksammad? Det är så fint.

Men också. Dansa med din fru varje gång hon ber dig. Att vara i samma takt och att våga se varandra rakt in i ögonen, närvara i relationer. Jag tror att det är så viktigt. Att våga närma sig människor med total och sårbar närvaro. Dra ner på tempot och möt blicken. I vår tid är det som om vi har glömt bort hur vi kan umgås med varandra. Allt det som distraherar runt omkring har gjort sitt. Telefonen som ligger bredvid, alltid redo att plockas upp. Allt det vi tror att vi måste göra när vi ska umgås. Gå ut på krogen, gå på konsert. Kör dopaminet i bott! Bränn en massa pengar och lev lite! Och så får vi arbeta och arbeta för att få ihop denna galna livsstil som jag så skarpt förundras över hur många får ihop. Det är ju så ofantligt dyrt alltihop som du märkt. Men du?

Kanske kan det vara så att det kan räcka att bjuda hem din vän på en kopp te? Som min ena bror sade om mormor och morfar. "De hade alltid tid och det enda man kunde vara säker på var en kopp te och en kaka". Inte var det heller så ofta avancerat bakade kakor, utan det var en stor förpackning med de billigaste havreflarnen det gick att köpa i affären. Gick det riktigt långt och var det riktigt storslaget så var det en våffla på gång. Kan också hända att man blev medbjuden till mormors pusselhörna strax intill det stora akvariet där det simmade vackra svärdfiskar och guppys. Där kunde man hamna med henne djupt försjunken i koncentration. 2000 bitar och massor med tid senare byttes pusslet ut mot ett annat. Det känner jag är på riktigt. Så naket och oförställt. Inga pampiga utemiddagar och inget skålande. Bara fridfull tid av att vara där det inte fanns mycket annan plats än de samtal vi skapade. Och det är i det vi möts tänker jag. Det är i stillheten vi möts.

Vi människor kan skapa stora infekterade sår hos varandra men vi har också förmågan att lyfta varandra och att tillsammans uppleva kärlek mäktigare än livet. Det är inte alla som vågar det. Att verkligen stanna upp. Andas varandras andetag, lyssna på hjärtslagen. Vågar vi öppna oss själva och ge, är chansen större att skapa och att få under förutsättning att vi är i en sund relation.

Sist men inte minst. Hoppas för guds skull du har en fyrbent nära dig som du kan luta dig emot och glädjas med. Någon som pockar på sin uppmärksamhet och påminner dig om det som är viktigt. För annars blir väl livet inte alls så där meningsfullt? En charmig stor hund som kastar sig emot dig varje gång ni ses och som värmer dina frusna fötter i soffan.

Mjuka tassar, en stor kopp te och nybakade scones en regnig höstmorgon. Livet blir inte bättre än så.

Livet går upp och livet går ner. Det är det lilla i det stora vi har. Tiden är den sanna lyxen. Tiden av att få landa i sig själv och få tanka energi. Stunder av närvaro och reflektion. Det är precis som Ernst säger, i det enkla bor det vackra. Så är det med det.

NU BÖRJAR DEN HÄR LILLA TEXTEN NÄRMA SIG SITT SLUT

Jag tror jag förstår nu varför jag sörjt henne så mycket. Att jag inte bara är en knäpp person som fastnar och ältar. Att jag saknar för att hon faktiskt betytt ofantligt mycket för mig. Att hon ändrade saker på en annan nivå, under alla lager av skydd hon nådde. Hon var en av de jag älskat mest.

Loppan visade mig en totalt villkorslös kärlek. En totalt ickedömande kärlek. Hon gav mig en trygghet som barnet inom mig behövde och längtade efter så mycket. Hon tog mig tillbaka till naturen och till sist, hon tog mig tillbaka till mig själv. Det är mer värdefullt än någonting annat. Att vara i sig själv är att vara närvarande i livet. Jag är glad att jag skrev. Jag förstod inte hur lätt dessa orden skulle komma eller hur mycket jag skulle kunna skriva. Jag har aldrig tidigare känt ett så starkt behov av att skriva och orden har aldrig tidigare kommit så enkelt. Orden har känts som rinnande vatten. Det har varit ett konstant flow. Min yngsta son kom in en gång på mitt kontor när jag satt och skrev och han tittade på mig. "Vad har hänt mamma? Du ser så lycklig ut." "Jag sitter och skriver om Loppan" svarade jag. "Jaha jag trodde det var något stort, du liksom lyser." svarade han. "Det är för att jag gör det jag tycker om." svarade jag. Och det var i dubbel bemärkelse. Jag tycker om att skriva och jag har skrivit om någon jag älskar högt.

Saknaden förde mig till också orden kring min barndom, att vilja berätta. Så förlösande, sårbart och modigt. Det är den vägen jag vill välja. Vägen till klarhet. Det är här jag är fri. I sanningen. Att också för mig förstå hela sammanhanget. På något vis hänger både min och Loppans historia ihop, precis som boken. Vi svävar tillsammans genom tid och rum. Genom en annan dimension. Rötter som binder oss samman. Som vill trotsa trädets död. Hon innebar för mig något mer.

Hur mycket text går det att skriva om en saknad hund? En hel liten bok tydligen. Nu har jag någonting att läsa i varje gång som saknaden hänger över mig. För en liten stund kände jag mig närmare henne igen och det var en sådan otrolig tröst.

För en tid sedan hände dock något. Jag bar ut Loppans säng som stått här inne i vardagsrummet länge som en tyst påminnelse. En svart plastsäng med en ljus fårskinnspläd. Den stod här, trots att Dobby inte använder den. Den trivdes hon i, trots att hela soffan fanns till förfogande. Det var dags att släppa den nu. Den fick gå. Och just nu längs skrivandets process har jag också släppt den där djupa sorgen, det som gjorde ont gör inte sådär ofantligt ont. Häromkvällen låg jag sent och försökte förnimma hennes kropp. Känslan när jag höll om henne om natten. För en liten bråkdels sekund fick minnet mig att le men samtidigt är hon borta och det finns ingenting att göra åt det.

Kanske borde jag verkligen komma ihåg grunden till att jag en dag tog hem Loppan. Hur viktigt det är för mig med motion. Hur viktigt det är att ta mig ut i naturen. Att få ägna mig åt sådant jag vill, hellre en knastrande brasa utomhus än seriemaraton vid tv:n. Hellre uteliv än att stanna inne. Jag vill känna livet. Att också stå upp för det jag vill, det som betyder något på riktigt för mig. Att det är viktigt att inte ignorera sig själv och att sätta gränser. Det är bara man själv som sätter gränserna. Det är också viktigt att jag får tröst när jag är ledsen. Eftersom ingen annan är lika tydlig som Loppan med att ge tröst så får jag tänka att jag behöver bli bättre på att ge mig själv den där trösten som hon gjorde. Kanske bli bättre på att sätta mig ner efter en tung dag, även utan henne i mitt knä. Bli bättre på att signalera ut när jag behöver någon annan som tröstar mig och ger mig en kram. Något jag alltid behövt bli bättre på, det är en del av felprogrammeringen som en gång skedde.

Jag har också när jag skrivit reflekterat över att det är fantastiskt härligt att jag lyckades stå upp för den hunduppfostran jag tyckte var viktig. Det kan tyckas banalt men det motarbetades ibland en del. Det hände faktiskt till och med att det var på gränsen till konflikter.
Hundmänniskor kan nämligen tycka en del och ibland väldigt mycket om hur en hund ska fostras. Den ska gärna ligga på sin plats. Inte vara i soffor. Inte äta människomat. Inte gå lös om den inte är perfekt dresserad (jag menar inte att man släpper lös om det är till en nivå att den skadar andra såklart). En hund ska göra mycket av "sitt", "ligg" och så vidare. För mig handlar det viktigaste om att se sin hund kärleksfullt in i ögonen och att puffa tillbaka när man får en tass som mjukt puttar på en. Det handlar om att försöka lugna en hund som är uppspelt genom att möta den individen. Det kan se helt olika ut. Vissa hundar kanske blir lugnare av en tillsägelse, men Loppan blev mest riktigt nervös. Vi hade aldrig haft den relationen vi hade om jag hade lyssnat på alla de där råden eftersom de varken hade stämt ihop med henne eller mig. Och det är jag tacksam för. Att jag lyssnade på mig och inte på någon annan. En gång hamnade jag i just den diskussionen "men varför lyssnar du inte på mig? Jag är ju expert på det här". Och mitt motargument var att det finns många som är experter på hundar och som gör helt olika. De ska vara stränga och

auktoritära och ibland näst intill mata hunden med duktig vovve och godis och gör si, gör så. Det sistnämnda en betydligt trevligare metod i alla fall, kan jag tycka. Men vad vet vi människor egentligen? Så många saker vi säger oss veta som vi inte alls verkar veta så mycket om.

En annan sak jag kan reflektera kring så här i efterhand är de människor som kritiskt kommer att granska denna bok och tycka att jag ger av mig själv för mycket. Som psykolog, herregud! Det går väl inte? Och det finns både fördomar om att psykologer ska vara mer tysta, begränsade och har haft det enkelt i livet och de ska absolut inte dela med sig av egna erfarenheter eftersom det kan störa terapisamtalet. Jag vill bara för att få det sagt berätta att jag aldrig skulle ta ett fokus i ett terapirum med min historia, denna historia är helt irrelevant där. Men det kan vara viktigt att en gång för alla få sagt att alla psykologer inte har haft det lätt. Jag har pratat förtroligt med så otroligt många människor, behandlare och psykologer inkluderat. Jag tror varken de haft det lättare eller svårare än andra yrkesgrupper. Det finns så många berättelser jag fått äran att ta del av. Och jag lovar dig en sak: denna fördom är inte sann. Jag undrar om det i stora drag går att göra sådana generaliseringar om vilka yrkesgrupper som haft det lättare och svårare? Och vad är egentligen lätt och svårt? Går det att gradera utifrån informationen som en människa själv beskriver eller är den personen färgad av sin historia och personlighet? En del kanske blivit mer eller mindre påverkade, ger starkare och mildare uttryck etcetera. Vi kan bara ge stödet utan att döma, vet gör vi aldrig innan vi gått i någon annans skor.

Dessutom är jag ofantligt trött på att bara det som varit enkelt och vackert ska få delas och finnas. Det känns så förljuget.

Alla vackra bilder, alla glada hejarop. Alla "allt är bara bra här". Alltid. Allt är bara bra. Sådan distans och sådant övergrepp av människans sanna väsen med alla sina känslor. Denna snedvridna värld där vi varken får åldras eller göra annat än att le. Vi är alla värda att ta mer plats och jag önskar att du som läser också tillåts att göra det, vi ska inte behöva dölja vår historia. Den är din, den är min och det har hänt något inom mig nu också. Jag tänker inte dölja vem jag är längre. Hoppas du också känner dig lite inspirerad. Vågar glänta lite på det svåra.

Alla människor behöver varken tycka om det jag skriver eller ens tycka om mig. Det är liksom så livet är. Det går inte att alltid vara omtyckt. Och det är så skönt att verkligen känna det. Så olikt mitt yngre jag som var fullkomligt livrädd för hur omvärlden värderade mig. Var jag ens värdig någon plats? Fick man höras? Tycka, tänka? Det finns alltid risk en drabbas av någon som ska granska dig kritiskt. Eller bara någon som helt enkelt inte gillar dig. Men måste det spela roll? Det är en enorm frihet att våga. Att vara fri och att faktiskt strunta i det där. Min historia är min egen och jag tänker inte skyla den mer än jag vill. Jag är fri från den. Man får lov att vara mänsklig. Känna olika känslor. Uttrycka olika känslor. Det är min tid att lämna marken och flyga iväg nu. Ögonen öppna.

Att våga stå lite för både sin smärta och sårbarhet. Det är fint. Det känns väldigt mycket som självkärlek. Som en viktig del i att växa. Att liksom få tag i sina rötter, stå för dem. "Titta här! Det må se vindpinat ut men ser du vad starka de är?". De tillhör livet. Det svåra tillhörde mitt liv en gång. Men jag lever. Det är så jävla bra att jag lever och resten av tiden kommer inte att få gå till spillo.

Och livet är en mäktig plats att ha tillgång till. Ibland känns det nästan inte verkligt, att jag fått denna gåva.

Att jag får gå här på livets väg. Jag får vara med. Ännu en morgon får jag hålla en varm tekopp i mina händer. Planera dagen och tiden. Få tillfälle att krama om mina barn och berätta för de hur älskade de är. Jag får hålla ett koppel i min hand och låta skogen vara vår upptäcksplats. Får försjunka mig i böckernas olika äventyr. Uppleva känslor i alla dess färger. Livet är en fantastisk resa utan slutdestination. Det är en viktig resa och den enda som bara är din. Vägen är helig och din att förvalta.

Och villkoren var sådana att jag gick på vägen.

Jag gick. Ibland stannade jag. Ibland vände jag mig om och gick tillbaka.

Ibland sprang jag. Jag susade i uppförsbackar utan att flåsa och andra gånger orkade jag inte röra mig. Ibland var jag skrämd av mörkret. Ibland ville någon annan säga åt mig var jag skulle gå och ibland förvirrades jag av deras röster. Jag tror de har tystnat nu, de når mig inte så lätt längre. Det hände att marken sjönk, ibland var jag rädd att falla ner i mörkret. Men allt som oftast hände det att marken var mjuk och lätt när den nuddade mina bara fötter. Allt det där när jag navigerade mig fram på livsstigen. "Var går jag?" hörde jag mig själv ropa. "Har du glömt?" svarade hon i spegeln.

Vet du? Jag tänker aldrig mer glömma. Jag har funnit vägen nu. Den är självklar. Inte spikrak, men självklar.

Vi ses, älskade hund. Vi ses på fältet i skymningen, befriade från allt som skaver. Vi ses vid husgrunden. När det rosa ljuset faller på. Jag kommer gå dit och vänta på dig. Det kommer inte dröja lång tid innan jag hör dina steg komma mot mig och jag kan känna din närvaro. Du kommer dansandes över fältet. När vi möts ser jag ditt stora leende och du kastar dig emot mig. Fram till dess ska jag gå min stig och minnas och älska dig varje dag jag lever detta liv.

Tack för allt. Från djupet av mitt hjärta. Tack.